العبارات الأدبية
في اللغتين الفرنساوية والعربية

قاموس فرنساوي عربي

Dictionnaire Français-Arabe

(langue écrite)

renfermant un grand nombre de locutions et d'exemples extraits du Koran et des principaux écrivains arabes, anciens et modernes, ainsi que des proverbes, des dictons, des termes judiciaires et administratifs, des néologismes, etc., etc.

PAR

Louis MACHUEL

INSPECTEUR GÉNÉRAL HONORAIRE DE L'UNIVERSITÉ
DIRECTEUR GÉNÉRAL HONORAIRE DE L'ENSEIGNEMENT PUBLIC EN TUNISIE
EX-PROFESSEUR A LA CHAIRE PUBLIQUE D'ARABE D'ORAN, AU LYCÉE D'ALGER
ET AU COLLÈGE IMPÉRIAL ARABE FRANÇAIS DE CONSTANTINE

Librairie Armand Colin

103, Boulevard Saint-Michel, Paris, 5e

DICTIONNAIRE

FRANÇAIS-ARABE

(langue écrite)

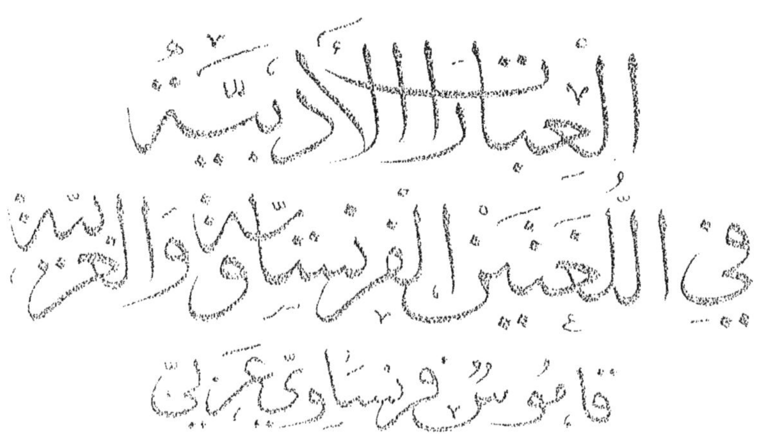

Dictionnaire Français-Arabe

(langue écrite)

renfermant un grand nombre de locutions et d'exemples extraits du Koran et des principaux écrivains arabes, anciens et modernes, ainsi que des proverbes, des dictons, des termes judiciaires et administratifs, des néologismes, etc., etc.

PAR

LOUIS MACHUEL

INSPECTEUR GÉNÉRAL HONORAIRE DE L'UNIVERSITÉ
DIRECTEUR GÉNÉRAL HONORAIRE DE L'ENSEIGNEMENT PUBLIC EN TUNISIE
EX-PROFESSEUR A LA CHAIRE PUBLIQUE D'ARABE D'ORAN, AU LYCÉE D'ALGER
ET AU COLLÈGE IMPÉRIAL ARABE FRANÇAIS DE CONSTANTINE

Librairie Armand Colin

103, Boulevard Saint-Michel, Paris, 5e

À Monsieur Raymond Poincaré,

Président

de la République Française

À son Altesse

Sidi Ennaceur Bey

Hommage respectueux

L. Machuel.

A Monsieur Alapetite,

Ministre plénipotentiaire.

Résident général de la République Française

à Tunis.

Monsieur le Ministre.

Ce Livre vous doit beaucoup. C'est grâce à votre appui et à vos conseils que son Auteur a pu en achever la rédaction. Laissez-moi vous en exprimer publiquement ma reconnaissance. Permettez que j'adresse aussi mes remerciements à l'Universitaire distingué qui dirige l'enseignement public en Tunisie, à M. Charléty, dont les encouragements m'ont été précieux.

Veuillez agréer, Monsieur le Ministre, l'assurance de mon profond respect.

L. Machuel.

PRÉFACE

La langue arabe offre cette particularité remarquable qu'elle ne s'écrit nulle part, aujourd'hui, comme elle se parle et que partout, cependant, elle est écrite par les lettrés de la même façon. On ne peut donc pas dire qu'elle est une langue morte, puisqu'elle sert encore à exprimer la pensée de millions d'individus, ni qu'elle est bien une langue vivante, au sens où l'entendent certains linguistes, puisqu'elle ne s'écrit pas comme elle se parle. Le fond de la langue est sans doute le même dans tous les pays où elle est employée, mais les mots ont subi dans l'usage oral diverses modifications, ou ont reçu des acceptions particulières qui peuvent changer de région à région ; dans l'arabe parlé sont rentrés des vocables spéciaux à tel ou tel pays, à telle ou telle ville même, qui n'existent pas dans le domaine de l'arabe écrit.

Mais quelle est en réalité l'étendue de ce domaine ? On ne saurait la déterminer exactement. Il existe dans le parler des indigènes, nomades ou citadins, de tous les pays de langue arabe, un très grand nombre de termes ou d'expressions, qui ont incontestablement la forme et la physionomie de mots et de locutions de l'arabe classique, mais qu'on déclare étrangers à la langue pure, parce qu'ils ne figurent pas dans les ouvrages de lexicographie arabe. Par contre, ceux-ci abondent en mots, en locutions, qui sont depuis longtemps hors d'usage et que leurs auteurs ont recueillis comme à plaisir pour montrer leur érudition ou pour prouver leurs patientes recherches. Il n'est pas venu à la pensée des lexicographes musulmans de rédiger leurs ouvrages en puisant leurs documents dans les écrivains et en les appuyant de leur autorité, de sorte que leurs travaux peuvent être comparés à de vastes océans (c'est même le nom que porte l'un d'eux), dans lesquels le chercheur peut trouver assurément des perles d'une valeur inestimable, mais aussi des matériaux inutilisables. On pourrait croire que les orientalistes européens, habitués à des méthodes plus critiques, ont procédé autrement dans la préparation des dictionnaires arabes : il n'en a rien été. Ils se sont contentés (et leur labeur a déjà été considérable) de traduire les ouvrages arabes; de sorte qu'on peut avancer que nous n'avons pas encore de dictionnaire arabe rédigé à la suite du dépouillement des ouvrages des bons écrivains et dans lequel le sens des mots et des idiotismes aurait été fixé d'après l'usage qu'ils en ont fait.

Nous n'avons pas davantage de dictionnaire *français-arabe* conçu d'après ce plan. Il a paru, il est vrai, à la suite de notre prise de possession du nord de l'Afrique, plusieurs dictionnaires *français-arabes* plus ou moins étendus, mais tous concernent l'arabe usuel; on n'a publié aucun ouvrage similaire pour l'arabe écrit[1]. Un travail de ce genre n'a tenté aucun de nos arabisants et de nos orientalistes à cause des difficultés qu'il présentait, de la longue préparation qu'il exigeait, des critiques faciles qu'il risquait de soulever, et aussi du peu de lustre dont cette œuvre de longue haleine devait entourer le nom de son auteur.

Mais, pourra-t-on demander, la publication d'un *dictionnaire français-arabe* pour la langue littéraire est-elle utile? — Non, affirment certains arabisants. Nous n'avons pas besoin, selon eux, d'apprendre, nous, Français, à rédiger en arabe. Lorsque nous avons à communiquer par écrit avec des musulmans qui ne savent pas le français, nous n'avons

1. Il serait injuste de ne pas signaler le *Dictionnaire français-arabe* de M. Bellot, imprimé à Beyrouth, à l'imprimerie des Pères Jésuites. C'est, en réalité, le meilleur ouvrage de ce genre, qui pouvait être mis entre les mains des étudiants. Malheureusement, les exemples qui suivent les vocables sont peu nombreux, et l'auteur n'a pas cru devoir donner une seule expression extraite du Coran. — Nous signalons pour mémoire le *Dictionnaire français-arabe* de M. Caussin de Perceval; — celui de M. Gasselin, en deux gros volumes, qui ne nous a été d'aucune utilité; — celui de M. Joseph-J. Habeiche, imprimé en Égypte, à Alexandrie, dans lequel nous avons puisé quelques documents utiles; — celui de M. Ibrahim Gad, imprimé également à Alexandrie, qui nous a fourni un certain nombre d'expressions judiciaires et administratives; — enfin, le gros dictionnaire, en six volumes, de Neggari Bey, paru en Égypte, qui renferme un très grand nombre d'expressions en arabe usuel égyptien, mais qui nous a peu servi pour les locutions de l'arabe écrit.

qu'à nous adresser à un indigène instruit... Théorie fausse, raisonnement spécieux mis en avant, en réalité, pour excuser notre insuffisance sous ce rapport; car, en vérité, si nous n'écrivons pas en arabe, c'est que nous ne savons pas rédiger dans cette langue, et nous ne savons pas rédiger, parce que rien ne nous y a préparés et parce que nous manquons de l'instrument nécessaire à cet exercice. Les professeurs expérimentés qui enseignent les langues mortes ou les langues vivantes s'accordent pour attester qu'on ne possède convenablement la grammaire et le génie d'une langue que lorsqu'on s'est exercé à écrire dans cette langue. N'est-il pas au moins utile, indispensable même que nos fonctionnaires, en pays arabe, puissent contrôler ce que leurs secrétaires indigènes écrivent, et ils n'exerceront efficacement ce contrôle qu'à la condition d'être en mesure de rédiger eux-mêmes facilement et correctement en arabe? Enfin, n'est-il pas désirable, dans l'intérêt des musulmans qui étudient la langue française, qu'ils aient à leur disposition un dictionnaire qui leur facilite l'intelligence d'un texte français?

Que de fois, dans notre longue carrière de professeur, n'avons-nous pas eu à déplorer cette lacune d'un dictionnaire *français-arabe*! Comment obtenir des étudiants la traduction de textes français? Comment les exercer à cette traduction? Comment les amener progressivement à la rédaction, puisqu'ils n'avaient pas entre les mains l'instrument indispensable pour faire ces exercices avec profit? Nous songeâmes alors à la préparation d'un dictionnaire *français-arabe*, dans lequel les exemples tirés des auteurs abonderaient et qui donnerait la traduction des expressions et des idiotismes de notre langue. Nous nous mîmes à lire un grand nombre d'ouvrages avec cette préoccupation constante de noter les mots les plus employés, les locutions courantes, les idiotismes, les dictons, les maximes, les proverbes. Ce travail ingrat et absorbant, nous l'avons fait pendant des années, et nous avons amassé ainsi des documents considérables, pris dans les auteurs anciens et dans les écrivains contemporains, dans des milliers de lettres et d'actes, dans des pièces administratives (décrets ou circulaires), dans les publications périodiques, recueillant même dans les annonces de la quatrième page des journaux des renseignements parfois intéressants. Puis nous avons dû consacrer un temps très long à relever, à classer et à reporter ensuite dans l'ordre alphabétique ces documents, qui se chiffraient par milliers[1]. Pour la rédaction de notre ouvrage, nous avons suivi le *Dictionnaire français de MM. Hatzfeld et Darmesteter,* qui nous a paru le guide le plus sûr, et nous nous sommes conformés aux principes suivants :

A. — Faire un ouvrage pratique, simple, ne renfermant que des mots et des locutions de l'arabe écrit, mais couramment employés. Proscrire, par suite, les mots et les expressions de l'arabe usuel, sauf dans des cas exceptionnels[2]. Classer les mots, suivant la fréquence de leur emploi et non dans l'ordre alphabétique, pour que le lecteur sache bien que ceux qui sont donnés en premier lieu sont les plus employés.

B. — Pour la même raison, laisser de côté les mots de notre langue d'un usage peu fréquent : néologismes, archaïsmes, termes d'argot.

C. — Éviter de grossir outre mesure le format de l'ouvrage; négliger, par suite, les mots et les expressions d'un emploi rare, les tournures poétiques, etc.

D. — Il y a dans notre langue un grand nombre de mots, des verbes principalement, qui donnent naissance à des quantités de locutions ou de gallicismes qu'il eût été inutile de répéter plusieurs fois. Donner, par

1. Il était impossible, pour bien des raisons, d'indiquer l'origine de toutes les expressions que nous avons recueillies. Nous ne l'avons fait que pour celles qui ont été extraites du Coran, en les accompagnant de la lettre K. Elles s'élèvent, à elles seules, à plus de trois mille.

Les historiens nous ont, en particulier, fourni un très grand nombre de mots et d'expressions. La lecture des ouvrages modernes et principalement de ceux de Salim Farès, de Djordji Zeïdan et d'autres écrivains contemporains nous a donné une ample moisson de locutions diverses et d'idiotismes. Nous avons puisé aussi des renseignements précieux, moins nombreux cependant que nous aurions pu l'espérer, dans les volumes suivants : فرائد اللغة d'Ismaël Ettsaalibi (édition d'Égypte), كنز الحفاظ فى كتاب تهذيب الألفاظ, فقه اللغة (édition de Beyrouth).

2. Nous avons suivi la méthode préconisée par un historien arabe, Mohammed ben Ali ben Tabatiba (Ibn Ettektiki), dans son ouvrage célèbre, *Elfekhri.* « Je me suis proposé, dit-il, dans son avant-propos, d'exposer les faits en me servant d'expressions claires, faciles à comprendre, afin que tous les lecteurs pussent tirer un profit de mon livre, évitant l'emploi de locutions difficiles à saisir qu'on ne recherche que pour faire parade de son éloquence et de son talent oratoire. J'ai souvent constaté chez certains écrivains, désireux de montrer leur parfaite connaissance de la langue, que leurs intentions restaient cachées et leurs pensées obscures (par suite de l'emploi de termes difficiles à comprendre), et que leurs ouvrages offraient ainsi peu d'utilité. » (*Elfekhri*, édition du Caire, page 12.)

suite, ces locutions au mot qui représente l'idée principale. On ne trouvera donc pas au verbe *prendre* les expressions *prendre son temps, prendre la fuite, prendre des précautions, prendre la peine de...*, mais bien à *temps, fuite, précaution, peine*, etc. De même, c'est à *difficulté* qu'on trouvera *aplanir une difficulté* et à *querelle* l'expression *chercher querelle*.

E. — Une difficulté, et non des moindres, qu'offre l'étude des langues, est l'interprétation des sens figurés que peuvent prendre les mots. Les nuances sont parfois variées et délicates. Il est certain que l'adjectif *pur*, par exemple, a des sens très différents dans les phrases suivantes : *cette eau est pure, — il a bu du vin pur, — ses intentions sont pures, — c'est une pure sottise, — il a fait cela en pure perte*. Par suite, s'appliquer à donner le sens *propre* du mot, en premier lieu, même lorsque ce sens n'existera plus, parce qu'il est presque toujours possible d'aller du sens *propre* au sens *figuré*, tandis qu'il est souvent malaisé de remonter du sens figuré au sens propre.

F. — Dans toutes les langues, les synonymes sont fréquents; en arabe, ils sont très nombreux. Ne donner que les plus employés, en les accompagnant d'exemples pour préciser les nuances. Grouper sous un même vocable, pour éviter les répétitions, ses synonymes les plus usuels. Ainsi, sous la rubrique *pauvreté*, on a mis les mots *misère, indigence, dénuement*; en regard de *blâmer*, on a mis les verbes *gronder, réprimander, admonester, vitupérer*.

G. — Les noms en arabe sont susceptibles d'avoir plusieurs pluriels; ne donner que les formes les plus employées.

H. — Les participes se formant en arabe d'une façon très régulière, ne pas donner les participes des verbes français, à moins qu'ils ne soient employés adjectivement ou substantivement. Quand ils doivent donner lieu à quelques expressions particulières, les mettre à la suite du verbe. Quand leur forme s'éloigne trop de l'infinitif, l'indiquer en renvoyant au verbe (*pris*, Voyez *prendre*).

I. — Le dictionnaire devant être surtout pratique, ne pas en augmenter les dimensions en cherchant à traduire tous les termes techniques des métiers, des arts, des sciences. Donner cependant les termes les plus courants de la médecine, de la physique, de la chimie, de l'agriculture, des industries, en transportant au besoin les mots dans la langue, à l'imitation de ce qu'ont fait les Arabes eux-mêmes. Quant aux noms des plantes, des arbres, des fruits, qui varient souvent d'un pays à un autre, ne citer que les plus connus.

J. — L'ouvrage n'étant pas destiné à de jeunes enfants, ne pas s'abstenir de donner certaines expressions d'un caractère un peu scabreux, en usant toutefois de toute la réserve que comporte cette matière.

K. — Donner les principaux noms propres de pays et de villes.

Tels sont les principes qui nous ont servi de fil conducteur et qui nous ont permis d'assurer le maximum d'unité à l'ensemble de notre travail. Mais on peut se rendre compte des difficultés nombreuses en présence desquelles nous nous sommes trouvé. Il y a dans toutes les langues des locutions, des idiotismes, qui proviennent de la vie familiale, du climat, des professions, des coutumes, de la religion, des faits historiques, etc., etc. Il est souvent difficile de remonter à l'origine de ces expressions, et, quand il faut les traduire dans une langue étrangère, on doit s'efforcer de trouver dans cette langue des expressions équivalentes rendant les idées et non les mots. Quelques exemples pris au hasard feront mieux comprendre notre pensée. Nous disons : *« Il a eu maille à partir avec la justice »*. Bien des Français seraient sans doute embarrassés pour expliquer la valeur exacte des mots de cette phrase. Le vocable *maille* n'est plus employé que dans cette expression et dans *« il n'a ni sou ni maille »*, et le sens de *partager* qu'a le verbe *partir* est sorti de bien des mémoires. Que donnerait en arabe la traduction littérale de cette expression? Une phrase incompréhensible. De même, les expressions *« le général a battu les ennemis à plate couture »*, — *« il lui a lancé le trait du Parthe »*, — *« il a ri à gorge déployée »*, etc., ne sauraient être rendues textuellement. On trouve assez fréquemment des locutions équivalentes, mais il est nécessaire que l'étudiant soit prévenu qu'il doit faire le mot à mot pour se rendre compte de la valeur exacte des termes. Je citerai encore les exemples suivants : *il a brouillé les cartes*, — *il a perdu la carte*, — *il connaît le dessous des cartes*, — *il a fait flèche de tout bois*, — *il a lancé un ballon d'essai*, — *une levée de boucliers*, et tant d'autres expressions qui montrent les difficultés souvent non aplanies qu'offre la préparation d'un dictionnaire de la langue française dans une langue étrangère, surtout lorsque le génie de cette langue est, comme pour l'arabe, si éloigné du génie des langues indo-européennes et lorsque les mœurs, la religion et les traditions présentent des divergences aussi considérables. Et que dire de la traduction des mots et des locutions d'origine moderne, dont les équivalents, quoi qu'en pensent certains orientalistes, ne sauraient être trouvés dans la langue ancienne. Les Arabes ignoraient la *mitraille*, les *bombes* et la *baïonnette*; ils savaient *viser*, puisqu'ils se servaient de l'arc, mais *ils ne mettaient pas en joue;* les *banques* n'existaient pas en Arabie, de sorte qu'ils ne connaissaient pas les *billets à ordre* et qu'ils n'avaient ni à *endosser* ni à laisser *protester*. Le *papier* était rare chez eux, et le *papier timbré* leur était inconnu, de même que le *papier à cigarette*. Ils n'avaient pas à faire de *quarantaine* et encore moins à la *purger*, pas plus qu'ils n'avaient à purger des *hypothèques* ou à *purger une contumace*. Et cependant toutes ces expressions et des milliers d'autres semblables peuvent se présenter au traducteur. Les écrivains modernes, les publicistes, les journalistes, les administrateurs, ont dû, pour les rendre, créer des néologismes que nous aurions mauvaise grâce à rejeter par purisme. Parfois ils les ont empruntés à la langue usuelle qui s'assimile plus facilement les mots étrangers et qui arrive toujours à exprimer les idées nouvelles, non sans originalité souvent. Nous avons adopté ces néologismes sans hésiter, ayant cherché, nous ne saurions trop le répéter, à faire un ouvrage pratique, moderne, sans nous inquiéter des critiques que pourront formuler les puristes outrés. Il nous est même arrivé de citer les mots algériens ou tunisiens lorsqu'ils nous ont paru traduire exactement le sens des mots français, avec une forme arabe régulière.

Telles sont les idées directrices qui ont présidé à la conception et à l'exécution de notre travail auquel nous donnons le titre arabe de العِبارَاتُ الأَدَبِيَّةُ فى ٱللُّغَتَيْنِ الفرنساويَّةِ وٱلْعَرَبِيَّةِ (قاموس فرنساوى عربى), c'est-à-dire *Les expressions littéraires dans les deux langues française et arabe*, ou *DICTIONNAIRE FRANÇAIS-ARABE*. Nous n'avons pas la prétention d'avoir fait un ouvrage complet et exempt d'erreurs. Ceci est loin de notre pensée, et personne mieux que nous n'est prêt à reconnaître ses imperfections. Sommes-nous assuré de n'avoir jamais fait de contresens dans la traduction des phrases prises dans les auteurs? Avons-nous toujours trouvé la formule la plus exacte et la plus élégante pour rendre beaucoup d'idiotismes français? Dans un travail aussi considérable ne s'est-il pas glissé quelques erreurs ou quelques lapsus? Nous n'oserions l'affirmer. Aussi n'hésitons-nous pas à faire appel à l'indulgence de tous ceux qui ont été aux prises avec les difficultés de la langue arabe et qui savent combien l'étude en est longue et pénible. Tout effort pour rendre cette étude moins ardue leur paraîtra louable. Qu'on signale les points faibles, qu'on cherche à faire mieux que nous, qu'on ajoute aux documents que nous avons réunis : les œuvres des écrivains constituent une carrière inépuisable, qu'il est loisible à tout le monde d'exploiter.

Nous ajouterons que nous avons fait relire tout le texte arabe par un savant indigène musulman, Si Ahmed Adib Elmekki, qui ignore notre langue. Nous avons discuté ensemble et souvent rectifié un grand nombre d'expressions dont la forme pouvait laisser à désirer. Si Ahmed Adib, qui a fait ses études à Tunis et qui est allé les compléter à la célèbre Université du Caire, puis à la Mecque même, connait toutes les richesses de la langue arabe; il en a approfondi la littérature, et il a pu, par suite, nous indiquer les expressions et les locutions qui ne sont pas d'un usage courant. Sa collaboration nous a été particulièrement précieuse.

Nous tenons aussi à remercier ici les arabisants qui ont bien voulu nous prêter leur précieux concours et, en particulier, M. Abribat, interprète au Tribunal de Tunis, M. Khairallah, interprète au Tribunal mixte, M. Otsman Essebei, chef de bureau à la Direction générale de l'Enseignement, M. David, Edmond, interprète au Tribunal de Sousse. Nous avons aussi contracté une dette de reconnaissance envers M. Lacoux, Henri, professeur d'arabe au Lycée A. Fallières de Tunis, qui a collaboré activement à la rédaction d'un grand nombre d'articles.

Puisse notre travail être accueilli avec bienveillance et sans parti pris par toutes les personnes qui se livrent aux études arabes ou qui s'y intéressent! Un dictionnaire est un ami de tous les jours, en qui l'on doit avoir confiance, qu'on aime à consulter, avec lequel on a plaisir à s'entretenir : nous serons amplement récompensé du long labeur que nous avons consacré à ce Dictionnaire, s'il est accepté par les arabisants comme un véritable ami.

Toutes les personnes qui ont connu notre entreprise ont bien voulu nous prodiguer leurs encouragements et nous soutenir de leurs conseils. Nous leur adressons ici nos bien vifs remerciements. On nous permettra d'exprimer plus particulièrement notre gratitude à notre éminent Résident général, M. Alapetite, qui ajoute à son talent d'administrateur les qualités d'un fin lettré et qui a compris l'importance de la publication que nous avons entreprise. Je remercie aussi mon distingué successeur à la Direction générale de l'Enseignement public en Tunisie, M. Charléty, qui, en maintes occasions, m'a prouvé l'intérêt qu'il portait à mon travail.

L. M.

CONSEILS AUX ÉTUDIANTS

Arriver à écrire aisément et correctement dans une langue étrangère constitue une difficulté sérieuse qu'on ne surmonte qu'après des efforts longs et continus. Il faut d'abord posséder convenablement la grammaire de cette langue et s'habituer à en appliquer les règles; il est nécessaire ensuite de se familiariser avec le génie particulier de l'idiome, ce qui ne s'acquiert que lentement et par la lecture assidue et attentive de nombreux ouvrages traitant les sujets les plus divers. En outre, lorsqu'il s'agit d'une langue dont la forme écrite s'éloigne sensiblement du langage courant, il est indispensable de meubler sa mémoire d'un grand nombre de textes extraits des auteurs classiques, poètes et prosateurs, surtout prosateurs.

En ce qui concerne la grammaire, il faut arriver : 1° à posséder parfaitement la *morphologie*, c'est-à-dire la conjugaison, la déclinaison, les formes pronominales, celles des noms et des adjectifs; — 2° à s'assimiler l'ensemble des règles de construction qui constituent la *syntaxe*. Pour l'étude de la morphologie, le dictionnaire est d'un secours secondaire; il n'en est pas de même pour celle de la syntaxe où le dictionnaire est un auxiliaire très utile par les exemples qu'il donne, par les locutions diverses, les idiotismes qu'il doit contenir à profusion, car ils sont d'un précieux secours pour l'expression de la pensée.

Les étudiants devront donc recourir aux ouvrages spéciaux pour l'étude de la grammaire. Toutefois, un dictionnaire étant un instrument de travail qui doit éviter au lecteur une perte de temps et lui faciliter ses recherches, nous n'avons pas hésité à placer au commencement de notre ouvrage quelques tableaux auxquels il pourra se reporter en cas de doute[1]. Ces tableaux concernent la déclinaison, la conjugaison, les formes dérivées du verbe, les verbes irréguliers, les noms et les adjectifs féminins ayant une forme masculine.

Mais, s'il est indispensable, pour traduire un texte français en arabe, de connaître la grammaire de l'une et l'autre langue, il n'est pas moins utile de se rendre bien compte de la formation et de la composition des mots français, et, en particulier, de la valeur des préfixes et des suffixes qui servent à former

1. Les mêmes raisons nous ont amené à indiquer aux vocables *comparatifs*, *superlatifs*, *interrogation*, *négation*, etc., etc., les différentes manières de traduire ces mots.

un grand nombre d'entre eux. Cette connaissance est principalement utile aux étudiants indigènes qui apprennent notre langue. A titre d'indication, nous donnons ci-après l'étude sommaire de quelques préfixes et suffixes français au point de vue spécial de leurs équivalents en arabe.

Le préfixe *re* (*ré*, *res*, *red*) indique la *répétition*, le *renouvellement de l'action*. Il sera souvent traduit en arabe par les expressions ثَانِيَةً, — مَرَّةً ثَانِيَةً, — مَرَّةً أُخْرَى, ou par les verbes أَعَادَ (n. d'act. إِعَادة), كَرَّرَ (n. d'act. تَكْرِير), جَدَّدَ; exemples :

طَلَبَ مَرَّةً ثَانِيةً, كَرَّرَ الطَّلَبَ، *il a redemandé*,

أَعَادَ القَوْلَ, كَرَّرَهُ، *il a redit*,

عَمَلَ مَرَّةً أُخْرَى, أَعَادَ العَمَلَ، *il a refait*,

إِعَادةُ التَّشْبِيكِ، *une refonte* (au propre),

إِعَادةُ العَمَلِ, تَكْرِيرُهُ، *la reprise, la répétition d'une action.*

Le préfixe *de* (*dé*, *dès*), qui marque la *privation*, l'*éloignement*, l'*enlèvement*, peut être rendu par les verbes أَزالَ (n. d'act. إِزالة). — رَفَعَ (n. d'act. رَفْع), — نَزَعَ, — فَكَّ, — أَعْدَمَ مِنْ..., — أَخَلَّ بِ... Exemples :

أَزالَ الحصارَ، *débloquer*,

أَزالَ اللَّوْنَ، *décolorer*,

نَزَعَ صَوارِيَ مَرْكَبٍ، *démâter*,

أَزالَ الصَّدَأَ، *dérouiller*,

فَكَّ الأَزْرارَ، *déboutonner*,

أَزالَ النَّشْوَةَ، *dégriser*,

أَعْدَموا المَدينةَ أَهْبَهَا، *Ils ont démuni la ville*,

أَعْدَمَهُ شَبِيهَهُ، *il l'a dépareillé*,

أَعْدَمَهُ مِلْكَهُ، *il l'a dépossédé*,

أَخَلَّ بِالنِّظَامِ، *il a désorganisé*,

أَخَلَّ بِالوِفَاقِ، *il a désuni.*

Le préfixe *in* (*im*, *il*, *ir*), qui signifie *dans*, indique la *tendance vers un but*, l'*action d'introduire*. Il peut se rendre par la IVe ou la IIe forme du verbe. Exemples :

شَرَّطَ ، *inciser*,

أَدْخَلَ ، دَخَّلَ ، أَوْلَجَ ، *introduire*, *inculquer*, *insinuer*,

حَرَّضَ ، أَحَثَّ ، *inciter*,

أَخْبَرَ ، أَعْلَمَ ، أَعْلَنَ ، *informer*,

أَغْلَطَ ، *induire en erreur*,

عَفَّنَ ، نَتَّنَ ، *infester*.

Il ne faut pas confondre le préfixe ci-dessus avec un autre de même forme qui a une valeur *négative* et qui indique la *privation*, le *manque de*... Ce dernier peut se traduire alors par les mots ... غَيْرُ. — ... عَدَمُ آلْ, — لَا, — et un verbe, ... عَادِمُ آلْ, s'il s'agit d'un adjectif, — لَا يُمْكِنُ et même ... قِلَّةُ آلْ. Exemples :

عَدَمُ الإِنْصَافِ , قِلَّةُ العَدْلِ *injustice*,

قِلَّةُ اعْتِنَائِهِ , *son incurie*,

عَدَمُ أَهْلِيَّتِهِ , *son inaptitude*,[1]

قَلْعَةٌ لَا تُرَامُ , *une forteresse inaccessible*,

غَيْرُ مُمْكِنٍ , *impossible*,

غَيْرُ شَرْعِيٍّ , مُخَالِفُ ٱلْقَانُونِ , *illégal*,

لَا يُقْرَأُ , يَعْسُرُ قِرَاءَتُهُ , *illisible*,

غَيْرُ قِيَاسِيٍّ , مُخَالِفُ القَوَاعِدِ *irrégulier*,

عَادِمُ الدِّيَانَةِ ، *irréligieux*,

غَيْرُ مُمْكِنٍ إِجْرَاؤُهُ ou عَمَلُهُ *inexécutable*,

عَادِمُ القَرَارِ. *instable*, etc., etc.

Le préfixe *ex* (*es*, *ef*, *é*) marque ordinairement l'*extraction*, l'*enlèvement*, l'*augmentation*, il peut être traduit, comme le préfixe *de* par أَزَالَ, نَزَعَ, etc. Exemples :

نَزَعَ الأَوْرَاقَ *effeuiller*,

أَزَالَ الأَسْنَانَ *édenter*.

1. Est-il nécessaire de faire observer que l'emploi des tournures que nous indiquons n'exclut pas la possibilité de trouver d'autres mots ou d'autres expressions synonymes ?

Nous ne nous étendrons pas davantage sur les *préfixes*; nous avons simplement voulu indiquer l'importance d'une étude de ce genre, en souhaitant qu'elle tente quelque professeur désireux d'être utile aux arabisants.

Combien plus féconde encore serait l'étude approfondie des *suffixes* de notre langue au point de vue de la traduction en arabe des mots dans lesquels ils entrent! Nous en examinerons quelques-uns.

Les suffixes d'adjectifs *ble*, *able*, *ible*, *ile*, *bile*, indiquent la *qualité*, la *possibilité*. Ils donnent généralement au mot un sens passif; ils seront, par suite, souvent traduits en arabe par le verbe au passif ou par un participe passé. Exemples :

شَيْءٌ مَقْبُولٌ ou يُقْبَلُ *une chose acceptable,*
لَا مَعْبُودَ سِواهُ ou لا يُعْبَدُ *Lui seul est adorable,*
يُقْرَأُ , يُتَرْجَمُ *lisible, traduisible.*

Ils peuvent aussi se traduire à l'aide des expressions suivantes : مُمْكِنٌ, يُسْتَطاعُ , يَتَيَسَّرُ فيه , يَسوغُ فيه , يَجوزُ فيه, etc.

مَعْذورٌ , يُقْبَلُ فِيهِ العُذْرُ *excusable,*
يَجوزُ فيه التَّفْسيرُ *explicable,*
يَسوغُ عَمَلُهُ , يُسْتَطاعُ فِيهِ العَمَلُ *faisable,*
مُمْكِنٌ سُكْناهُ , *habitable,*
لَا يَتَيَسَّرُ تَقْليدُهُ , *inimitable,*
لَا يُفْهَمُ , لَا يَتَيَسَّرُ فَهْمُهُ , *incompréhensible,*
يَسوغُ ou يَجوزُ أَكْلُهُ , يُؤْكَلُ *mangeable,*
لَا يُغْلَبُ , غَيْرُ مُمْكِنٍ غَلْبُهُ ، *invincible.*

Les suffixes *al*, *el*, forment surtout des adjectifs qui marquent la *provenance*, la *nature de*... Ils correspondent aux mots arabes terminés par ـِيٌّ (adjectifs relatifs). Exemples :

شَرْقِيٌّ , لَفْظِيٌّ *oriental, verbal,*
طِبِّيٌّ , شَرْعِيٌّ ou قانونِيٌّ *médical, légal,*
وِدادِيٌّ , سُلْطانِيٌّ ou يُناسِبُ السُّلْطانَ *amical, impérial,*
حَلْقِيٌّ , رَسْمِيٌّ *guttural, officiel,*
إِعْتِيادِيٌّ , خُصوصِيٌّ *habituel, personnel.*

Sont également rendus par les adjectifs relatifs les mots terminés par les suffixes *ais*, *ois*, *ien*, *iste*, *ain*, *ique*, qui indiquent l'*origine*, la *profession*, la *secte*, le *pays*, etc. Exemples :

جُمْهُورِيٌّ ، بَشَرِيٌّ *républicain, humain,*
مَغْرِبِيٌّ ، إِفْرِيقِيٌّ *marocain, africain,*
افْرَنْجِيٌّ ou افْرَنْسِيٌّ ، مَالِطِيٌّ *français, maltais,*
صِينِيٌّ ، قَرَوِيٌّ ، مَكِّيٌّ *chinois, villageois, mecquois,*
مِصْرِيٌّ ، تُونِسِيٌّ ، هِنْدِيٌّ ، نَحْوِيٌّ *égyptien, tunisien, indien, grammairien,*
فَوْضِيٌّ ، مَلَكِيٌّ *anarchiste, royaliste,*
عَرَبِيٌّ ، دَوْرِيٌّ ou نَوْبِيٌّ *arabique, périodique.*

Souvent aussi on rendra par les adjectifs relatifs nos mots terminés par le suffixe *if*, qui marque, comme les suffixes *al* et *el*, la *nature*, la *provenance*. Exemples :

إِدَارِيٌّ ، تَقْرِيبِيٌّ ، *administratif, approximatif,*
إِخْتِيَارِيٌّ ، تَفْسِيرِيٌّ *facultatif, explicatif.*

Le suffixe *eux* indique la *qualité*, la *possession*, l'*abondance*. Il peut être traduit par les expressions : شَبِيهٌ ال . . . ، — كَثِيرُ ال . . . ، — ذُو . . . ، et au féminin ذَاتُ. Exemples :

أَرْضٌ ذَاتُ رَمْلٍ *une terre sablonneuse,*
قُطْرٌ كَثِيرُ الأَمْطَارِ *un pays pluvieux,*
بَحْرٌ كَثِيرُ السَّمَكِ *une mer poissonneuse,*
عَشْبٌ ذُو لَبَنٍ *une plante laiteuse,*
شَبِيهٌ بِالقُطْنِ *cotonneux.*

Le suffixe *eur* (*isseur, teur*) marque l'*agent*, *celui qui fait*, *qui a l'habitude de faire*. Les mots ayant cette terminaison seront donc fréquemment traduits par les participes présents ou par la forme فَعَّالٌ. Exemples :

رَقَّاص ، قَارِئٌ *danseur, liseur,*
صَيَّاد ، مُحَامٍ *chasseur, défenseur,*
مُدَرِّسٌ ou مُعَلِّم ، مُتَرْجِمٌ *professeur, traducteur,*

خرّاف , ملّاق *radoteur*, *flatteur*,

فلّاح *cultivateur*, *agriculteur*,

(avec une nuance) كاذب ou كذّاب *menteur*,

خطّاف *ravisseur*.

Mais cette forme فعّال indique surtout les noms de *métier*, de *profession*, qui sont caractérisés dans notre langue par le suffixe *ier* (*er*, *ère*). Exemples :

نجّار , بغّال *menuisier*, *muletier*,

طبّاخة , خبّازة *cuisinière*, *boulangère*.

Le suffixe *ier* indique aussi des noms d'*arbres* ou des noms marquant l'*instrument*, l'*ustensile*, le *lieu*. Exemples :

سِدْرَة , شَجَرَة اللَّوْز *jujubier*, *amandier*,

شَجَرَة التِّين , إِنَاء لِلْخَرْدَل *figuier*, *moutardier*,

شمعدان , مَفْرَخَة الدَّجاج ou مَرْقَد الدَّجاج *chandelier*, *poulailler*.

Rappelons, à l'occasion de ces derniers mots, que les noms désignant le *lieu* appartiennent, en arabe, à l'une des trois formes مَفْعَل , مَفْعَلَة et مَفْعِل tandis que les noms désignant l'*instrument* ont généralement l'une des formes مِفْعَل , مِفْعَلَة et مِفْعَال. En français, les suffixes marquant le lieu ou l'instrument sont, outre le suffixe *ier*, déjà cité, *oir*, *oire*, *ail*, *erie*. Exemples :

مَوْرِدٌ ou مَنْهَل , مَغْسَل *abreuvoir*, *lavoir*,

مَحْكَمَة , مَجْثِم *prétoire*, *perchoir*,

مِرْآة , مِرَشّة *miroir*, *arrosoir*,

مِصْفَاة , مِحْبَرة *passoire*, *écritoire*,

زَرِيبة , مَنْفَس *bercail*, *soupirail*,

مَطْبَعة , مَدْبَغَة *imprimerie*, *tannerie*,

مُسْتَشْفَى البُرْص , مَخْرَز *léproserie*, *cordonnerie*,

بُسْتَانٌ مُزْدَرَعٌ أَشْجَارَ البُرْتُقَان *orangerie*.

Les noms d'action, si fréquemment employés en arabe, sont le plus souvent terminés en français par les suffixes *aison*, *ison*, *tion*, *ment*, *age*. Exemples :

تَشْبِيهٌ *une comparaison,*
غَدْرٌ *une trahison, une défection,*
تَأْوِيل *une interprétation, une explication,*
نُبَاح ، زَئِير ، تَقْضِيب *aboiement, rugissement, émondage,*
تَرْقِيع ، تَسْبِيك *raccommodage, moulage.*

Les suffixes du *diminutif,* dont le paradigme est en arabe فُعَيْل, sont *on, eau, elle, et, ette,* etc. Exemples :

جُحَيْش ، جُرَيْذ ، هُرَيْر *ânon, raton, chaton,*
جُدَيّ ، شُبَيْل ، أُرَيْنِبَة ، ذُؤَيْب *chevreau, lionceau, lapereau, louveteau,*
عُوَيْنَة ، عُرَيْق *prunelle, radicelle,*
صُنَيْدِيق ، دُيَيْك ، غُلَيِّم ، كُيَيْس *coffret, cochet, garçonnet, sachet,*
دُوَيْرَة ، زُهَيْر ، قُطَيْرَة *maisonnette, fleurette, gouttelette.*

En dehors de cette étude détaillée et méthodique des modifications que préfixes et suffixes apportent au sens des mots et, par suite, à leur traduction, il est nécessaire aussi que les étudiants prennent l'habitude de noter, à la suite de leurs lectures, les expressions, les tournures particulières à la langue arabe qui sont légion. C'est ainsi qu'on ne dira pas en arabe *une jeune fille à la taille élancée,* mais bien *élancée de taille* رَشِيقَة القَدّ; *il a la barbe épaisse,* mais *il est épais de barbe* إِنَّهُ كَثِيفُ اللِّحْيَةِ; *c'est un homme au caractère généreux,* mais *généreux de caractère* كَرِيمُ الطَّبْع. Un Arabe ne dira pas *il a la répartie facile,* mais *il est plus présent en réponse* إِنَّهُ أَحْضَرُ جَوَابًا. Il dira aussi *il est très studieux, très avide de s'instruire* (*très demandant la science*) إِنَّهُ طَلَّابُ ٱلْعِلْمِ. *Il monte très bien à cheval* إِنَّهُ رَكَّابٌ لِلْخَيْلِ; *il a donné à son fils une bonne* ou *une mauvaise éducation* (*il a rendu belle* ou *mauvaise son éducation*) أَحْسَنَ ou أَسَاءَ تَرْبِيَةَ ٱبْنِهِ; *qu'on me l'amène!* عَلَيَّ بِهِ; *garde-toi de faire cela!* إِيَّاكَ أَنْ تَفْعَلَ ذَلِكَ, et tant d'autres expressions que nous pourrions multiplier à l'infini : on les trouvera en abondance dans le Dictionnaire.

Nous dirons encore aux étudiants qui s'essayent dans la rédaction : « Rappelez-vous que les Orientaux aiment le style imagé; qu'ils ont un goût passionné pour les métaphores, les comparaisons, pour les épithètes heureuses qui donnent du relief à la phrase; qu'ils sont satisfaits lorsqu'ils peuvent trouver, même s'ils n'écrivent pas en prose rimée, des allitérations, des assonances harmonieuses; qu'ils se plaisent enfin à agrémenter leur style de versets du Coran, de citations diverses, de sentences, de paraboles, dont on verra de nombreux exemples dans cet ouvrage. »

Nous terminerons ces quelques remarques par un dernier conseil qui résume tous les autres : « Ne perdez pas de vue qu'un dictionnaire est un instrument de travail dont il faut avoir appris l'usage et le maniement, un serviteur dévoué mais muet, auquel on doit demander avec discernement les renseignements qu'il est toujours prêt à donner quand on sait le consulter. »

TABLEAU SYNOPTIQUE DE LA DÉCLINAISON

VOYELLES DES CAS	NOMS DES CAS	EMPLOI DES CAS
Raf'a ُ ـُ ـٌ 1 ـُ	*Nominatif* (Nominatif) (Vocatif)	*Sujet* (il se place ordinairement *après* le verbe); *attribut* d'une proposition nominale. — S'emploie pour exprimer le *vocatif*; — cinq noms, lorsqu'ils sont *déterminés*, prennent la lettre de prolongation correspondant à la voyelle du cas : أَبُو père, أَخُو frère, فُو bouche, ذُو possesseur, حَمُو beau-frère.
Nasba َ ـَ ـًا ـَةً ـً ء	*Cas direct* (Accusatif) (Vocatif)	*Complément direct* (il se place ordinairement *après* le sujet); — *attribut* d'une proposition renfermant un verbe comme كَانَ, أَصْبَحَ, أَمْسَى, etc. Les termes circonstanciels de temps, de lieu, de manière, d'état, se mettent au cas direct. On emploie ce cas après les particules إِنَّ, أَنَّ, كَأَنَّ, لِأَنَّ, لٰكِنَّ, لَعَلَّ, لَيْتَ, et quelquefois après يَا *ô* et لَا *non*. — Les cinq noms font أَبَا, أَخَا, فَا, ذَا, حَمَا.
Khafda ـِ ـٍ 2	*Cas indirect* (Génitif) (Datif) (Ablatif)	*Complément d'un nom ou d'une préposition;* complément des particules de serment وَ, بِ, تَ. — Les cinq noms font أَبِي, أَخِي, فِي, ذِي, حَمِي.

1. Le tanouïn marque l'*indétermination*. Un mot est *déterminé* lorsqu'il est accompagné de l'article اَلْ ou lorsqu'il a un complément (nom ou pronom).

2. *Mots diptotes.* — Certains mots, lorsqu'ils sont *indéterminés*, ne peuvent pas prendre le tanouïn, ni la terminaison ـِ. Ils se déclinent ainsi : Nominatif : مَرَاكِبُ; cas direct et indirect : مَرَاكِبَ.

Déterminés, ils reprennent les trois cas. Se déclinent ainsi : 1° les mots de la forme أَفْعَلُ; 2° les mots terminés par ـَآءُ non radical; 3° les pluriels de quatre syllabes ayant un ا après la seconde; 4° certains noms propres; 5° quelques adjectifs des formes فَعْلَانُ, فُعَالُ.

DUEL

Nominatif	ـَانِ	ajouté au singulier.
Cas dir. et ind.	ـَيْنِ	

PLURIEL MASCULIN RÉGULIER

Nominatif	ـُونَ	ajouté au singulier.
Cas direct Cas indirect	ـِينَ	

(Le نِ du duel et du pluriel se retranche lorsque le mot a un complément déterminatif). Se déclinent ainsi : 1° les participes; 2° les adjectifs terminés par ـِيّ; 3° les noms de la forme فَعَّال; 4° les noms de dizaines; 5° quelques noms et adjectifs.

PLURIEL FÉMININ RÉGULIER

	Indéterminé	Déterminé
Nominatif	ـَاتٌ	ـَاتُ
Cas direct Cas indirect	ـَاتٍ	ـَاتِ

Se déclinent ainsi : 1° la plupart des noms féminins terminés par ة, ـَآءُ et ـَى; 2° quelques noms masculins.

Les mots terminés par ـًى sont invariables. Ex. : فَتًى et اَلْفَتَى aux trois cas.

Les mots terminés par ـِي se déclinent ainsi :

	Indéterminés	Déterminés
Nominatif	مَاشٍ	اَلْمَاشِي
Cas direct	مَاشِيًا	اَلْمَاشِيَ
Cas indirect	مَاشٍ	اَلْمَاشِي

Principaux Adjectifs ayant la même forme au masculin et au féminin

كَرَم généreux	عَدْل juste	جَبَان lâche
كُمَيْت bai-brun	عانِس vieux garçon, vieille fille	جَدْب stérile
مَحْل aride	عُضَال grave	جَرُور tondu
مَحْض pur	غَمّ triste	دَنَف malade
مَيْت mort	فَارِهٌ vif, gai	ثِقَة fidèle
يَفَعَة adulte.	قَدَم courageux	رَبْعَة de grandeur moyenne
	قَلْب de race pure	رَيِّض soumis

Liste des Noms féminins ayant une forme masculine

كَفّ paume de la main	شَعُوب trépas	أُذُن oreille
لَظَى feu de l'enfer	شَمْس soleil	أَرْض terre
نَبْل flèche	شِمَال main gauche	أَرْنَب hase
نَعْل semelle	ضَبُع hyène	إِسْت anus
نار feu	ضِلَع côte	إِصْبَع doigt
وَرِكٌ hanche	عَرُوض mètre (prosodie)	أَفْعَى vipère
يَدٌ main.	عَصًا bâton	بِئْر puits
	عَقِب talon	بِنْصِر annulaire
Noms des vents	عِير caravane	جَحِيم enfer
جَنُوب vent du midi	عَيْن œil	جَهَنَّم enfer
حَرُور v. chaud	فَأْس cognée	خِنْصِر auriculaire
دَبُور v. d'ouest	فَخِذ cuisse	ذِرَاع bras
شِمَال aquilon	قَدَم pied	ذُكَاء soleil
سَمُوم simoun	قَدُوم hachette	ذَوْد troupeau de chamelles
صَبَا v. d'est	قَوْس arc	رِجْل pied
أَلُوب v. froid	كَأْس verre	رَحِم matrice
هَيْف v. chaud	كَتِف épaule	رَحًى moulin
قَبُول v. d'est.	كَرِش ventricule	سَقَر enfer

Liste des Noms ayant une forme masculine, qui peuvent être des deux genres

PLUTÔT FÉMININS

حَرْبٌ guerre
خَمْر vin
دار maison
رَحًى moulin
رِيح vent
سَبِيل route, voie
ساق jambe
طَرِيق route, voie
عَقْرَب scorpion
عَنْكَبُوت araignée
لِسان langue
مِلْح sel
مُوسَى rasoir
نَفْس âme (mas. avec le sens d'*individu*).

Les noms des lettres de l'alphabet : بَآءٌ, تَآءٌ, etc.

PLUTÔT MASCULINS

حالٌ état
دَلْو seau
رُوح âme, personne
سِكِّين couteau
سُلَّم échelle
سِنّ dent
سُوق marché
عَجُز derrière
عُقاب aigle
عِماد colonne, soutien
فَرَسٌ cheval, jument
فُلْك navire
مَرْكَب navire
مِسْك musc
نَوًى noyau
هُدًى bonne voie.

MASCULINS ET FÉMININS

إِبْط aisselle
آلٌ mirage (fém.)
آلٌ famille (masc.)
إِزار voile, rideau
ثَدْيٌ mamelle
دِرْع cuirasse (fém.)
دِرْع chemise de femme (masc.)
ذَهَب or
سَراوِيل pantalon
سُلْطان puissance
سِلْم paix
سَمَآءٌ ciel, firmament (f.)
سَمَآءٌ ciel (de lit, par ex.) (masc.)
ضُحًى matin
فِرْدَوْس paradis
فِهْر pilon
قِدْر marmite
قَفًا nuque
كَبِد foie
مَنْجَنِيق baliste.

TABLEAU DE LA CONJUGAISON (1°)

	PRÉTÉRIT		AORISTE INDICATIF		AORISTE SUBJONCTIF[1]		AORISTE CONDITIONNEL[1]	
				SINGULIER				
1re p.	...تُ		أ...		أ...		أ...	
2e p.	...تِ	...تَ	تـ...ين	تـ...	تـ...ي	تـ...	تـ...ي	تـ...
3e p.	...تْ	...	تـ...	يـ...	تـ...	يـ...	تـ...	يـ...
				DUEL				
2e p.	...تُما		تـ...ان		تـ...ا		تـ...ا	
3e p.	...تا	...ا	تـ...ان	يـ...ان	تـ...ا	يـ...ا	تـ...ا	يـ...ا
				PLURIEL				
1re p.	...نا		نـ...		نـ...		نـ...	
2e p.	...تُنَّ	...تُم	تـ...ن	تـ...ون	تـ...ن	تـ...وا	تـ...ن	تـ...وا
3e p.	...ن	...وا	يـ...ن	يـ...ون	يـ...ن	يـ...وا	يـ...ن	يـ...وا

PRÉTÉRIT	AORISTE INDICATIF	AORISTE SUBJONCTIF	AORISTE CONDITIONNEL
1. Dans le verbe primitif trilitère, la 2e radicale peut avoir une des trois voyelles, quelquefois deux, quelquefois trois, mais jamais avec le même sens. — La forme فَعَلَ indique le plus souvent un verbe d'action, les formes فَعِلَ et فَعُلَ un verbe d'état. *Emploi :* 1° en général pour le passé; — 2° pour le futur, avec certaines particules telles que إِذَا *lorsque*, إِنْ *si*, مَتَى *dès que*, مَهْمَا *quelque chose que*, مَنْ *quiconque*, etc.; — 3° pour exprimer un souhait.	1. La 2e radicale peut également avoir une des trois voyelles. — Lorsque le prétérit est de la forme فَعَلَ, l'aoriste est يَفْعِلُ; s'il est de la forme فَعِلَ, l'aoriste est le plus souvent يَفْعَلُ. *Emploi :* 1° pour exprimer le futur, surtout précédé de سَوْفَ ou سَـ; — 2° pour exprimer le présent.	1. Se forme du précédent en remplaçant le *raf'a* de la 3e radicale par le *nasba*, et en supprimant le ن final aux personnes où il est précédé d'une lettre de prolongation. *Emploi.* — Avec les particules : أَنْ, لِـ, كَيْ *que, afin que...*; حَتَّى *jusqu'à ce que, afin que...*; أَوْ *à moins que...*; لَنْ *il n'arrivera pas que...*; فَـ, وَ *que, afin que...*; إِذًا *en conséquence*.	1. Se forme du précédent en remplaçant le *nasba* par un *djezm*. *Emploi.* — Avec les particules : لَمْ *ne... pas* (sens passé); إِنْ *si...*; لِـ *que...* (avec ordre); لَا *ne... pas* (av. défense); لَمَّا *ne pas... encore...*; مَنْ *quiconque...*; مَهْمَا *quelque chose que*, etc.

Impératif. — Il se forme de la 2e personne de chaque nombre de l'aoriste conditionnel en retranchant la première lettre. — Si, après ce retranchement, la lettre qui suit porte un djezm, on ajoute avant ا. — L'impératif de la IVe forme commence toujours par أَ.

Aoristes énergiques. — Ils sont au nombre de deux : aoriste énergique lourd, et aoriste énergique léger. Le premier se forme de l'aoriste subjonctif en ajoutant un ن avec un chadda : sing. : أَفْعَلَنَّ, تَفْعَلَنَّ, تَفْعَلِنَّ, etc., duel : تَفْعَلَانِّ, يَفْعَلَانِّ, etc., plur. : نَفْعَلَنَّ, تَفْعَلُنَّ, تَفْعَلْنَانِّ, etc. — Le second, très rarement employé, se forme du même temps en ajoutant نْ, أَفْعَلَنْ, تَفْعَلَنْ, etc.

Passif. (Règle générale.) — Il se forme au prétérit en mettant le son *i* sous l'avant-dernière radicale, et le son *ou* sur toutes les lettres qui précèdent portant une voyelle; — à l'aoriste en mettant le son *ou* sur la première lettre et le son *a* sur l'avant-dernière radicale, ضُرِبَ, تُرْجِمَ, يُضْرَبُ, يُتَرْجَمُ.

Participes. — Dans le verbe primitif trilitère, Présent ...ا...ٌ, Passé مَـ...و...ٌ. Dans le verbe quadrilitère et trilitère dérivé, ils se forment de l'aoriste en remplaçant la première lettre par مُـ; — on met le son *i* à l'avant-dernière radicale pour le participe *présent*, et le son *a* pour le *passé*.

VERBES DITS IRRÉGULIERS (2°)

PRÉTÉRIT

		1° SOURD		2° CONCAVE				3° DÉFECTUEUX			
		Féminin	Masculin	Féminin	Masculin	Féminin	Masculin	Féminin	Masculin	Féminin	Masculin
Singulier	1re p.	كَبَبْتُ		كُنْتُ		سِرْتُ		مَشَيْتُ		بَقِيتُ	
	2e p.	كَبَبْتِ	كَبَبْتَ	كُنْتِ	كُنْتَ	سِرْتِ	سِرْتَ	مَشَيْتِ	مَشَيْتَ	بَقِيتِ	بَقِيتَ
	3e p.	كَبَّتْ	كَبَّ	كَانَتْ	كَانَ	سَارَتْ	سَارَ	مَشَتْ	مَشَى	بَقِيَتْ	بَقِيَ
Duel	2e p.	كَبَبْتُمَا		كُنْتُمَا		سِرْتُمَا		مَشَيْتُمَا		بَقِيتُمَا	
	3e p.	كَبَّتَا	كَبَّا	كَانَتَا	كَانَا	سَارَتَا	سَارَا	مَشَتَا	مَشَيَا	بَقِيَتَا	بَقِيَا
Pluriel	1re p.	كَبَبْنَا		كُنَّا		سِرْنَا		مَشَيْنَا		بَقِينَا	
	2e p.	كَبَبْتُنَّ	كَبَبْتُمْ	كُنْتُنَّ	كُنْتُمْ	سِرْتُنَّ	سِرْتُمْ	مَشَيْتُنَّ	مَشَيْتُمْ	بَقِيتُنَّ	بَقِيتُمْ
	3e p.	كَبَبْنَ	كَبُّوا	كُنَّ	كَانُوا	سِرْنَ	سَارُوا	مَشَيْنَ	مَشَوْا	بَقِينَ	بَقُوا

AORISTE INDICATIF

		1° SOURD		2° CONCAVE				3° DÉFECTUEUX			
		Féminin	Masculin	Féminin	Masculin	Féminin	Masculin	Féminin	Masculin	Féminin	Masculin
Singulier	1re p.	أَكُبُّ		أَكُونُ		أَسِيرُ		أَمْشِي		أَبْقَى	
	2e p.	تَكُبِّينَ	تَكُبُّ	تَكُونِينَ	تَكُونُ	تَسِيرِينَ	تَسِيرُ	تَمْشِينَ	تَمْشِي	تَبْقَيْنَ	تَبْقَى
	3e p.	تَكُبُّ	يَكُبُّ	تَكُونُ	يَكُونُ	تَسِيرُ	يَسِيرُ	تَمْشِي	يَمْشِي	تَبْقَى	يَبْقَى
Duel	2e p.	تَكُبَّانِ		تَكُونَانِ		تَسِيرَانِ		تَمْشِيَانِ		تَبْقَيَانِ	
	3e p.	تَكُبَّانِ	يَكُبَّانِ	تَكُونَانِ	يَكُونَانِ	تَسِيرَانِ	يَسِيرَانِ	تَمْشِيَانِ	يَمْشِيَانِ	تَبْقَيَانِ	يَبْقَيَانِ
Pluriel	1re p.	نَكُبُّ		نَكُونُ		نَسِيرُ		نَمْشِي		نَبْقَى	
	2e p.	تَكْبُبْنَ	تَكُبُّونَ	تَكُنَّ	تَكُونُونَ	تَسِرْنَ	تَسِيرُونَ	تَمْشِينَ	تَمْشُونَ	تَبْقَيْنَ	تَبْقَوْنَ
	3e p.	يَكْبُبْنَ	يَكُبُّونَ	يَكُنَّ	يَكُونُونَ	يَسِرْنَ	يَسِيرُونَ	يَمْشِينَ	يَمْشُونَ	يَبْقَيْنَ	يَبْقَوْنَ

AORISTE SUBJONCTIF

Singulier	1re p.	أَكْتُبَ	أَكُونَ	أَسِيرَ	أَمْشِيَ	أَبْقَى
	2e p.	تَكْتُبَ etc. تَكْتُبِي	تَكُونَ etc. تَكُونِي	تَسِيرَ | تَسِيرِي	تَمْشِيَ etc. تَمْشِي	تَبْقَى etc. تَبْقَيْ

CONDITIONNEL

Singulier	1re p.	أَكْتُبْ	أَكُنْ	أَسِرْ	أَمْشِ	أَبْقَ
	2e p.	تَكْتُبْ etc. تَكْتُبِي	تَكُنْ etc. ـ تَكُونِي	تَسِرْ | تَسِيرِي	تَمْشِ etc. تَمْشِي	تَبْقَ etc. تَبْقَيْ
		Quelquefois comme l'aoriste subjonctif				

PARTICIPES

Présent.	كَاتِبٌ	كَائِنٌ	سَائِرٌ	مَاشٍ	بَاقٍ
Passé.	مَكْتُوبٌ	مَكُونٌ	مَسِيرٌ	مَمْشِيٌّ	مَبْقُوٌّ — مَبْقِيٌّ

Le redoublement de la 2e radicale ou la présence d'une lettre *faible* و ou ي (souvent changée en ا) dans la racine peuvent produire quelques anomalies dans la conjugaison. — Verbes *sourds*. Contracter les deux dernières radicales si la seconde n'a pas de *djezm*. Si. après la contraction, la lettre qui précède porte un *djezm*, lui donner la voyelle qu'aurait dû avoir la première des lettres contractées (no 1). — Verbes *assimilés*. Ils commencent par une lettre faible وَصَلَ, يَبِسَ. Ils se conjuguent régulièrement. Dans le verbe primitif des racines commençant par و, on supprime souvent le و à l'aoriste. — Verbes *concaves*. Ils ont une lettre faible pour 2e radicale (no 2), كَانَ pour كَوَنَ, — بَاعَ pour بَيَعَ. — Verbes *défectueux*. Ils ont une lettre faible pour 3e radicale (no 2), دَنَا pour دَنَوَ, مَشَى pour مَشَيَ. On dira دَنَوْتُ comme on dit مَشَيْتُ, — دَنَوْتَ — دَنَوْتِ, etc.; — أَدْنُو comme on dit أَمْشِي, etc. Tenir compte dans la conjugaison des remarques suivantes : A. Les lettres و et ي ne sont plus *faibles*, lorsqu'elles sont soutenues par une lettre de prolongation ou par un chadda : صَيَّرَ, كَوَّنَ, طَوِيلٌ, شَاوَرَ, اِسْوَدَّ, اِبْيَضَّ. — B. Une lettre de prolongation se supprime devant une lettre portant un *djezm*. — C. Une lettre de prolongation se retranche devant une autre lettre de prolongation. — D. Une lettre faible finale se retranche si elle doit porter un *djezm*, لَمْ يَمْشِ pour لَمْ يَمْشِي.

TEMPS	VERBES	I	II	III	IV	V	VI	VII	VIII	IX	X
PRÉTÉRIT	Régul.	. َ . َ . َ	. َ . َّ . َ	. َ ا . َ . َ	أَ . ْ . َ . َ	تَ . َ . َّ . َ	تَ . َ ا . َ . َ	اِنْ . َ . َ . َ	اِ . ْ تَ . َ . َ	اِ . ْ . َ . َّ	اِسْتَ . ْ . َ . َ
	Sourd.	فَرَّ	Rég.	فَارَّ	أَفَرَّ	Rég.	تَفَارَّ	اِنْفَرَّ	اِفْتَرَّ	»	اِسْتَفَرَّ
	Assim.	Rég.	Rég.	Rég.	Rég.	Rég.	Rég.	Rég.	اِتَّصَلَ	Rég.	Rég.
	Conc.	جَازَ — سَالَ	Rég.	Rég.	أَجَازَ	Rég.	Rég.	اِنْجَازَ	اِجْتَازَ	Rég.	اِسْتَجَازَ
	Défect.	شَرَى — دَنَا	شَرَّى	شَارَى	أَشْرَى	تَشَرَّى	تَشَارَى	اِنْشَرَى	اِشْتَرَى	»	اِسْتَشْرَى
AORISTE	Régul.	يَ . ْ . ُ . ُ	يُ . َ . ِّ . ُ	يُ . َ ا . ِ . ُ	يُ . ْ . ِ . ُ	يَتَ . َ . َّ . ُ	يَتَ . َ ا . َ . ُ	يَنْ . َ . ِ . ُ	يَ . ْ تَ . ِ . ُ	يَ . ْ . َ . ُّ	يَسْتَ . ْ . ِ . ُ
	Sourd.	يَفِرُّ	Rég.	يُفَارُّ	يُفِرُّ	Rég.	يَتَفَارُّ	يَنْفَرُّ	يَفْتَرُّ	»	يَسْتَفِرُّ
	Assim.	Rég.	Rég.	Rég.	يُوصِلُ	Rég.	Rég.	Rég.	يَتَّصِلُ	Rég.	Rég.
	Conc.	يَجُوزُ — يَسِيلُ	Rég.	Rég.	يُجِيزُ	Rég.	Rég.	يَنْجَازُ	يَجْتَازُ	Rég.	يَسْتَجِيزُ
	Défect.	يَشْرِي — يَدْنُو	يُشَرِّي	يُشَارِي	يُشْرِي	يَتَشَرَّى	يَتَشَارَى	يَنْشَرِي	يَشْتَرِي	»	يَسْتَشْرِي
IMPÉRATIF	Régul.	اُ . ْ . ُ .	. َ . ِّ .	. َ ا . ِ .	أَ . ْ . ِ .	تَ . َ . َّ .	تَ . َ ا . َ .	اِنْ . َ . ِ .	اِ . ْ تَ . ِ .	اِ . ْ . َ . ِ .	اِسْتَ . ْ . ِ .
	Sourd.	فِرَّ	Rég.	فَارِرْ	أَفِرَّ	Rég.	تَفَارَرْ	اِنْفَرِرْ	اِفْتَرِرْ	»	اِسْتَفْرِرْ
	Assim.	Rég.	Rég.	Rég.	أَوْصِلْ	Rég.	Rég.	Rég.	اِتَّصِلْ	Rég.	اِسْتَوْصِلْ
	Conc.	جُزْ — بِعْ	Rég.	Rég.	أَجِزْ	Rég.	Rég.	اِنْجَزْ	اِجْتَزْ	Rég.	اِسْتَجِزْ
	Défect.	أُشْرِ — اُدْنُ	شَرِّ	شَارِ	أَشْرِ	تَشَرَّ	تَشَارَ	اِنْشَرِ	اِشْتَرِ	»	اِسْتَشْرِ
NOM D'ACTION	Régul.	Variable.	تَ . ْ . ِ . يٌ	مُ . َ ا . َ . َةٌ	إِ . ْ . َا . ٌ	تَ . َ . ُّ . ٌ	تَ . َ ا . ُ . ٌ	اِنْ . ِ . َا . ٌ	اِ . ْ تِ . َا . ٌ	اِ . ْ . ِ . َا . ٌ	اِسْتِ . ْ . َا . ٌ
	Sourd.	»	Rég.	مُفَارَّةٌ	Rég.	Rég.	تَفَارٌّ	Rég.	Rég.	»	Rég.
	Assim.	»	Rég.	Rég.	إِيصَالٌ	Rég.	Rég.	Rég.	اِتِّصَالٌ	»	اِسْتِيصَالٌ
	Conc.	»	Rég.	Rég.	إِجَازَةٌ	Rég.	Rég.	Rég.	Rég.	Rég.	اِسْتِجَازَةٌ
	Défect.	»	تَشْرِيَةٌ	مُشَارَاةٌ	إِشْرَآءٌ	تَشَرٍّ	تَشَارٍ	اِنْشِرَآءٌ	اِشْتِرَآءٌ	»	اِسْتِشْرَآءٌ

LISTE DES ABRÉVIATIONS

|| sépare les différentes acceptions d'un même mot.

* indique que le mot (nom, adjectif ou verbe) entre dans la composition d'un grand nombre d'expressions ou d'idiotismes qu'on devra chercher au mot principal de l'expression. Ex. *prendre une résolution*, *prendre à partie*, *prendre le voile*, *prendre la fuite*, ne pas chercher à *prendre*, mais à *résolution*, *partie*, etc.

[ ] indique que le mot appartient au langage usuel.

(?) indique qu'il y a doute sur le sens ou l'emploi du mot.

— La voyelle finale des noms n'a été mise que lorsqu'ils étaient *diptotes*. Lire par suite رَجُل (رَجُلٌ), كَبِير (كَبِيرٌ).

— La voyelle du futur a été placée à côté du verbe : كَتَبَ o, c'est-à-dire qu'au futur le verbe devra être lu يَكْتُبُ ; ضَرَبَ i (fut. يَضْرِبُ).

m. à m. Cette abréviation, placée après une phrase, prévient le lecteur qu'il devra faire le *mot à mot* de cette phrase qui traduit l'idée et non les termes de la phrase française.

AM. Cette abréviation signifie que le mot est employé dans l'Afrique Mineure (Tunisie, Algérie ou Maroc).

d. p. t. a. Cette abréviation signifie que le mot arabe est employé *dans presque toutes les acceptions du mot français*.

a.	adjectif.
act.	action.
ad.	adverbe.
adm.	administration, terme administratif.
Al.	Algérie.
anc.	ancien, terme ancien.
arit.	arithmétique.
art.	article.
c.	conjonction.
c.-à-d.	c'est-à-dire.
ch.	chose.
chi.	chimie.
col.	collectif.
comp.	comparatif.
d. d. g.	des deux genres.
dém.	démonstratif.
déf.	défectif.
dim.	diminutif.
dis.	discours.
ell.	ellipse ou par ellipse.
expl.	explétif.
f. et fém.	féminin.
f. p.	féminin pluriel.
fam.	familier ou terme familier.
fig.	figuré ou sens figuré.
g.	genre.
gd.	grand.
gr.	grammaire, en grammaire.
id.	idem.
imp.	impératif.
in.	interjection.
ins.	instrument.

int.	interrogation.
intr.	intransitif.
inv.	invariable.
jur.	juridique, jurisprudence.
loc.	locution.
loc. pré.	locution prépositive.
loc. conj.	locution conjonctive.
loc. lat.	locution latine.
litt.	littérature ou en littérature.
litt[t].	littéralement.
m.	masculin.
m. à m.	mot à mot.
Mar.	Maroc.
mat.	mathématiques.
méd.	médical, terme médical.
n.	nom.
n. act.	nom d'action.
n. c.	numéral cardinal.
néo.	néologisme.
n. o.	numéral ordinal.
n. p.	nom propre.
part. pré.	participe présent.
part. pas.	participe passé.
par.	particule.
per.	personne ou personnel.
pl.	pluriel.
p. m. r.	pluriel masculin régulier.
p. f. r.	pluriel féminin régulier.
pla.	plante, nom d'une plante.
pop.	populaire.
pos.	possessif.
pr.	préposition.
pro.	propre, sens propre.
prop.	proposition.
pron.	pronom.
prov.	proverbe.
qq.	quelque, quelqu'un.
qq. ch.	quelque chose.
rh.	rhétorique ou en rhétorique.
s. a.	sens actif.
s. f.	substantif féminin.
s. m.	substantif masculin.
s. p.	sens passif.
sing.	singulier.
sup.	superlatif.
syn.	synonyme.
th.	théologie ou en théologie.
trans.	transitif.
triv.	terme trivial.
Tun.	Tunisie.
v.	verbe.
v. tr.	verbe transitif.
v. a.	verbe actif.
v. i.	verbe intransitif.
v. n.	verbe neutre.
v. im.	verbe impersonnel
v. pas.	verbe passif.
v. p.	verbe pronominal.
v. p. i.	verbe pronominal impersonnel.
V.	Voyez.
V. A.	Voyez aussi.
vul.	terme vulgaire.
vx.	vieux.

Note pour la lecture du texte arabe

— La voyelle finale des noms n'est pas donnée, excepté lorsque le mot est *diptote*.

— Les voyelles indiquant la fonction des mots sont toujours marquées.

— Les signes ـّ et ـْ sont toujours indiqués, ainsi que les voyelles ـُ et ـِ, à moins qu'elles ne soient suivies d'une lettre de prolongation.

— Toute consonne sans voyelle est censée avoir la voyelle ـَ.

DICTIONNAIRE
FRANÇAIS-ARABE

A

A, s. m. Première lettre de l'alphabet أَلِف. || Depuis A jusqu'à Z مِنْ أَوَّلِهِ إِلَى آخِرِهِ ، مِنَ الْمُبْتَدَاءِ إِلَى الْمُنْتَهَى m. à m. || Il ne sait ni A ni B لَا يَعْرِفُ شَيْئاً.

A, pr. (avec mouvement) إِلَى et ...لِـ. *Cette préposition peut se rendre aussi par* ...فِي ، ...عَلَى ، ...عَنْ ، ...بِـ ، ...عِنْدَ ، ...مِنْ *suivant le verbe, ce que le dictionnaire indique.* || لِي à moi, لَكَ ، لَكِ à toi, لَهُ à lui, لَهَا à elle, etc. V. *pronom affixe.* || Cette maison est à ton frère إِنَّ هٰذِهِ الدَّارَ لِأَخِيكَ. || Je vais à la ville أَذْهَبُ إِلَى الْمَدِينَةِ. || Du Caire à Alexandrie, il y a 90 milles مِنَ الْقَاهِرَةِ إِلَى اسْكَنْدَرِيَّةَ تِسْعُونَ مِيلاً. || Je sors chaque jour à midi أَخْرُجُ كُلَّ يَوْمٍ عِنْدَ الظُّهْرِ. || A sa mort, sa fille héritera de lui عِنْدَ مَوْتِهِ تَرِثُهُ بِنْتُهُ. || Tu me rencontreras au marché تَلْقَانِي فِي السُّوقِ. || A certaines conditions تَحْتَ شُرُوطٍ مَعْلُومَةٍ. — *La préposition A entre dans la composition d'un grand nombre de locutions et d'idiotismes qu'on devra chercher au vocable principal qui les compose.* Ex. à cœur ouvert, V. *cœur;* à bride abattue, V. *bride.* || A toi! دُونَكَ ، خُذْ. || A vaincre sans péril on triomphe sans gloire مَنْ غَلَبَ مِنْ غَيْرِ خَطَرٍ فَلَا حَقَّ لَهُ أَنْ يَفْتَخِرَ بِالظَّفَرِ. — *La préposition A peut être traduite parfois par les mots* ذُو f. ذَاتُ : une roue à dents عَجَلَة ذَاتُ أَسْنَانٍ, *ou par un verbe :* cela est à faire لَا بُدَّ أَنْ يُفْعَلَ ذٰلِكَ, à traduire يُعْرَضُ لِلتَّرْجِيمِ ، يُتَرْجَمُ.

A, 3e pers. du sing. du v. avoir. V. *avoir.* لَهُ ، عِنْدَهُ ، لَهَا ، عِنْدَهَا.

ABAISSEMENT, s. m. Action d'abaisser تَوْطِئَة ، خَفْض. || État d' — إِنْخِفَاض ، إِنْحِطَاط ، هُبُوط. || L'— des eaux إِنْخِفَاضُ الْمِيَاهِ. || L'— des prix نُزُولُ الْأَسْعَارِ. || L'— de la température تَنَاقُصُ الْحَرِّ. || —, humiliation. V. *humiliation.*

ABAISSER, v. tr. Faire descendre حَطَّ o ، نَزَّلَ ، وَضَعَ ، سَفَّلَ ، وَطَّأَ ، خَفَضَ i. || — (un pavillon) نَكَّسَ o. || Il a abaissé les rideaux أَرْخَى السُّتُورَ. || Il a abaissé une perpendiculaire نَزَّلَ عَمُوداً. ||

—, humilier. V. *humilier*. || S'—, v. p., devenir plus bas هبط o ; نـزل i , وطؤ , حطّ o , إنحطّ. V. *s'humilier*.

ABAISSEUR, a. مُنـزِّل.

ABAJOUE, s. f. محفظة غِذائيّة فِي فـم بعْضِ الحيوانات.

ABALOURDIR, v. tr. أثقلـهُ ، ردّهُ أخرف.

ABANDON, s. m. Action d'abandonner تـرك , تخليـة , إعراض عنْ... , إهْـال , ومُهمل. || Faire — de... تخلّى عنْ... ، تنازل عنْ... || A l'— تركها بإهمالِ. || Son père l'a laissée en état d'— والـدُها على حالـةِ الإهمالِ. || Il lui a fait — entier de l'objet vendu سلّم لـهُ تملُّـك المبيـع أتمّ التّسليـم.

ABANDONNEMENT, s. m. تسليم , ترْك.

ABANDONNER, v. tr. Laisser, quitter a هجر ; o ترك , خلّى , أعرض عنْ... || Mes amis m'ont abandonné هجرني أصدقـائي. || —, livrer, négliger أهمل ، تنازل عنْ... ، أقلع عنْ... ، أضرب عنْ... || Il m'a abandonné sans secours o خذلني. || Il a abandonné son poste o خذل وظيفتـهُ. || Ils ont abandonné leurs prétentions أسقطوا دعْـواهمْ. || S'—, v. p., se livrer à... سلّم نفْسَهُ. || Il ne s'abandonne pas à ses passions هُو غيرُ مُطيـع هواه. || Ils se sont abandonnés تقاطعوا ، تدابروا. || Il s'est abandonné à la Providence سلّم أمْـرَهُ لِلّهِ ، توكّـل على اللهِ. || Il s'est abandonné au mal تطوّح إنهمك في السّوء ، في المُنْكرِ. || Ne t'abandonne pas! شجّـعْ قلْبكَ ، لا تفشلْ.

ABASOURDIR, v. a. Étourdir أزْعج, —, étonner, hébéter أدهش ، أذهـل. || Il est resté abasourdi بقِي مذْهولًا.

ABAT. V. *abatis*.

ABATAGE, s. m. Action d'abattre إسْقاط , هدْم , هـدّ. || L'— des arbres قطْعُ الأشْجارِ. || L'— d'un animal ذبْحُهُ , قتْـلُ حيوانٍ. || L'— d'une vache ذبْحُ بقرةٍ.

ABÂTARDIR, v. a. أفْسـد ، غـيّر. || S'— فسد o, i إضْمحلّ , تغيّر. || Race abâtardie جِنْس مُضْمحِلّ.

ABÂTARDISSEMENT, s. m. تغيُّر عنِ الأصْلِ ، إضْمِحْلال.

ABATIS, s. m. Action d'abattre هدْم ، رمْي. || Ce qui est abattu حُطامة ، مارِمي. || Les abatis d'une poule ما يُطْرحُ مِنْ أجْنِحة الدّجاجةِ وأرْجُلِها.

ABAT-JOUR, s. m. Petite fenêtre كُوّة طريقة pl. كُوّاتٌ. || —, qui abat la lumière آلة لِترْجيع الضّوء.

ABAT-SON, s. m. آلة لِردِّ الصّوْتِ.

ABATTEMENT, s. m. Action d'abattre رمْي ، هدْم ، إسْقاط. || —, accablement, langueur, affaissement, prostration ضُعْف ، تعب ، ضنًى ، ضناكة , إنحِلالُ القُوّةِ , إنكِسارُ القلْبِ ، إنحِطاطُ العزْمِ ، خور ، ارتخاء ، فُتور ، خُمودُ الشّجاعةِ. || J'éprouvai un tel — (une telle langueur) dans mes membres qu'il me fut impossible de me lever وجـدتُ فُتورًا في أعْضائِي ولمْ أستطِعْ النُّهوضَ. || L'excès de ma douleur me fit tomber dans l'— إنْشقتْ مرارتِي مِنْ شِدّةِ الغـمِّ m. à m. || Il était dans un état de honte et d'— كان في حالـةِ الـذُّلِّ والإنْـكِسارِ. || Il le releva de son état d'— أنْهضهُ مِنْ خوَرِهِ.

|| Cette nouvelle l'a jeté dans un profond — لمّا بلغه في كآبةٍ ou هذا الخبرُ وقع في ضنكٍ كبيرٍ.

ABATTEUR, s. m. Celui qui abat مُسْقِط ، قطّاع. || — de besogne كدود ، فعّال ، عمّال.

ABATTOIR, s. m. مَذْبح pl. مذابِحُ ، مسلخ pl. مسالخ ، مجزر pl. مجازرُ.

ABATTRE, v. tr. Faire tomber أسْقط ، رمى i ، هدَّ i ، هدم i. || Il a abattu le mur أسْقط الحائط. || Il a abattu son ennemi صرع a عدُوَّهُ ، جندلهُ. || Le boucher a abattu le bœuf ذبح الجزّارُ الثّورَ a ، نحره a ، أجْتزرهُ. || Le chasseur a abattu la gazelle أصْمى الصّيّادُ الغزالَ ، قتلهُ. —, faire tomber la force physique ou morale أضْعف ، أفتر ، أضْنى ، أخْمد. || Les chagrins l'ont abattu أخْمدتْهُ الأحْزانُ ا وعكتْهُ الحُمّى. || La fièvre l'a abattu. || Les malheurs ont abattu son énergie أخْمدتْ ou همّتهُ المصائبُ ou شهامتهُ. || La pluie abat la poussière إنّ المطرَ يُسْقِطُ العجاجَ ou يُلبّدهُ. || Petite pluie abat grand vent (prov.) رُبّ رذاذٍ يهْدأُ به العاصفُ. || S'—, v. p., tomber سقط o ، وقع. || Le vent s'est abattu هدأ a الرّيحُ ، سكن o الرّيحُ. || La chaleur s'est abattue خمد الحرُّ. || L'aigle s'est abattu sur le lièvre إنقضّ النّسْرُ على الأرْنب ، إنكدر عليْها.

ABATTU, part. pas. (V. *abattre.*) مهْدوم ، خرِب مصْروع ou صريع. || — par la maladie, par la fièvre موْعوك ، منْهوك. || —, sans courage خامد ، كميد ، منْكسِرُ الخاطرِ.

ABAT-VENT, s. m. طُنُف pl. أطْناف.

ABAT-VOIX, s. m. مُسْقِطُ الصّوتِ.

ABBATIAL, a. مايرجعُ أوْيُنسبُ إلى ديْرٍ ، ديْريّ.

ABBAYE, s. f. دير pl. أدْيارُ ، دُيورٌ.

ABBÉ, s. m. رئيس ديْرٍ pl. رُؤساءُ ديْرٍ.

ABBESSE, s. f. رئيسةُ ديْرٍ pl. رئيساتُ ديْرٍ.

A B C, s. m. حُروف الهجاء. || Il en est encore à l'— لمْ يزلْ مُبْتدئًا m. à m. || L'— de la science مبادئ العلْمِ.

ABCÉDER, v. n. S'ouvrir et donner passage au pus تقصّع.

ABCÈS, s. m. قرح pl. قُروح ، دُمّل pl. دماميلُ ، خُراجٌ pl. خِرْجان. || L'— est près de s'ouvrir إسْتنْتى ، إسْتقْرن القرْحُ.

ABDICATION, s. f. Action de renoncer à qq. ch. إعْتِزال ، إسْتِعْفاء ، تقاعُد ، تقعُّد ، تنزُّل.

ABDIQUER, v. tr. Renoncer à qq ch. تنزّل عن... ، إعْتزل بِنفْسِهِ أُبهةَ ، أسْتعْفى مِنْ... ، تقاعد ، تقعّد المُلْكِ.

ABDOMEN, s. m. جوْف f. pl. أجْواف ، بطْن pl. بُطون ، كرِش f. pl. كُروش.

ABDOMINAL, a. بطْنِيّ ، جوْفِيّ.

ABDUCTEUR, a. مُبْعِد ، (المُحنِّي) مُحنٍّ. || Les muscles abducteurs العضلاتُ المُحنّيةُ ou المُبْعِدةُ.

ABÉCÉDAIRE, s. m. كُتيّب لِتعْليمِ مبادئِ القِراءةِ. || Adj^t. Ordre — على ترْتيبِ حُروفِ الهِجاءِ.

ABECQUER, v. tr. Donner la becquée لقّم ، غرّ o. || — ses petits (oiseau) زقّ o ، أزْغل ، أزْقم ، مقّ.

ABEILLAGE, V. *apiculture*.

ABEILLE, s. f. نخالة col. نخل.|| Reine des abeilles ملكُ النّخلِ ، يعاسيبُ pl. يعسوب.

ABERRATION, s. f. Dérivation des rayons lumineux إنعِطاف. || — Égarement ضلال ، زيغ ، غيّ. || L'— du goût زَيَغانُ الذوقِ.

ABÊTIR, v. tr. Rendre inintelligent صيّره بليدًا ou سفيهًا ou أبلهَ. || S'—, v. p. تبلّد ، تبلّه .

ABÊTISSEMENT, s. m. بلادة ، سَفَهٌ ، حماقة .

AD HOC ET AD HAC, loc. lat. Au hasard, sans ordre بلا ترتيب ، مِنْ غيرِ نِظام. || Il parle — يتكلّمُ مِنْ غيرِ صوابٍ.

ABHORRER, v. tr. V. *haïr*.

ABÎME, s. m. Profondeur dont on ne peut mesurer le fond. V. aussi *précipice* أُجّة pl. أُجج ، مهوى ، وهدة ، دركات pl. دركة ، أهوية pl. هُوّة ، الهاوية ، وُهد. || L'— du temps لُجّة الدهرِ. || —, enfer الهاوية. || L'— de la mer يمّ ، شرم pl. شروم. || Ta science est un — plus profond que l'océan إنّ عِلمَك يمّ أعمقُ مِن البحرِ المحيطِ.

ABÎMER, v. tr. Jeter dans l'abîme رمى i في اللُجّة ، أغرق ، أورط. || —, mettre hors de service أفسد ، عطّل ، أتلف. || Abîmé dans le vice, abîmé dans la douleur منغمِس في الحزنِ ، منهمِك في المعاصي. || S'—, v. p. تعطّل ، فسد o ، تلف. || Le navire s'abîma dans les flots هوتِ السفينةُ في اليمّ.

AB INTESTAT, loc. lat. Sans qu'il ait été fait un testament بدون وصيّة.

AB IRATO, loc. ad. lat. في حالةِ الغيظِ ، عِندَ الغضبِ.

ABJECT, E, a. ذليل pl. أذِلّاء ، رذيل pl. رُذلاء ، أنذال pl. نذل ، أدنِياء pl. دنيّ.

ABJECTION, s. f. ذلّ ، دناءة. || Il vit dans l'— يعيشُ أرذلَ عيْشٍ.

ABJURATION, s. f. رفض ، جحود ، كفران. || L'— des principes التبرّي مِن المبادئِ.

ABJURER, v. tr. Renoncer à ... o رفض ، a جحد. || — sa religion o كفر ، ارعوى عن... ، ارتدّ مِن... . || — son erreur ترك غيّهُ.

ABLATIF, s. m. المفعولُ عنه ou المفعولُ مِنه.

ABLATION, s. f. V. aussi *amputation*. إستئصال ، اجتثّ ، جتّ . || Faire l'— o جثّ.

ABLE, s. m., et **ABLETTE**, s. f. ضربٌ مِن السمكِ.

ABLUER, v. tr. Laver i غسل.

ABLUTION, s. f. Lavage غسل ، غسل ، تغسيل. || — des musulmans وضوء. || — avec du sable تيمّم. || Faire ses ablutions توضّأ ، إغتسل. || — avec du sable تيمّم. || Vase pour les ablutions مغسل pl. مغاسلُ ، مطهرة ، متوضّأ ، ميضأة pl. مطاهر. || Lieu des ablutions .

ABNÉGATION, s. f. V. *renoncement, sacrifice*.

ABOI, s. m. Cri du chien. V. *aboiement*. || La dernière extrémité. Ils sont aux abois هُمْ في غايةِ الضيقِ ou في شدّةِ الضنكِ.

ABOIEMENT, s. m. نباح ، عواء.

ABOLIR, v. tr. أبطل ، أسقط ، أزال ، a فسخ ، ألغى ، فسّخ. || — une coutume رفض i عادةً. || — l'esclavage أبطل الرقّ. || — les privilèges, les impôts ألغى الإمتيازاتِ والضرائبَ.

ABOLISSEMENT, s. m.; **ABOLITION**, s. f. إبطال ، فسخ ، إلغاء ، إزالة ، تبطيل.

ABOMINABLE, a. قبيح pl. قِباح et قبحى ، ممقوت ، مرذول ، مكروه ، شنيع ، فواحِشُ pl. فاحِشة. || Un crime — جِناية فظيعة. || Une chose — قبائِح pl. قبيحة.

ABOMINABLEMENT, ad. بِكيفيّة شنيعة ، بِوجهٍ فاحِش.

ABOMINATION, s. f. Dégoût, horreur qu'inspire une chose كُره ، كراهة ، مقت.

ABOMINER, v. tr. Avoir qq. ch. en abomination مقت o ، كرِه ، عاف i.

ABONDAMMENT, ad. غزيرًا ، بِكثرة ، كثيرًا.

ABONDANCE, s. f. كثْرة ، غزارة ، وُفور ، زِيادة ، رخآء ، فيض ، ضفوة. || — de bien. V. *aisance*. || Parler d' — إرتجل ، أطنب في الكلام ، أسهب في الكلام. || — de biens ne nuit pas (prov.) غزارةُ المالِ لا تضرّ.

ABONDANT, a. كثير ، وافِر ، جزيل pl. جِزال ، غزير. || — (source, eau) فيّاض ، نضّاخ ، زرّ ، زمزم ، ماآء غدق. || Cette ville a de l'eau en abondance إنّ هذهِ المدينةَ غزيرةُ المياهِ. || —, fertile خصب et خصيب.

ABONDER, v. i. Être en quantité plus que suffisante كثُر o ، وفر i ، غزُر ، فاض i ، ضفا o. || Cette terre abonde en récoltes هذهِ الأرضُ خاصِبة (خصب et i خصب). || Les voyageurs abondent dans cette ville إنّ السّيّاحِين يأتون أفواجًا في هذهِ المدينةِ. || J'abonde dans votre sens إنّي موافِقك ، أنضمّ لِرأيك موافقةً تامّةً. || Lorsqu'il l'eut entendue, il abonda dans son sens لمّا سمِعها اتّحد معها في الرّأي.

ABONNEMENT, s. m. إشتِراك ، إلتِزام ، إستِئجار.

ABONNER, v. tr. أشركهُ في صحيفة. || S' —, v. p. إشترك في ، إستأجر. || Il était abonné à la victoire (fig.) كان النّصرُ مِن عادتِهِ m. à m.

ABONNIR, v. tr. أجاد ، صيّره طيّبًا ، أطاب et صارجيّدًا. || S' —, v. p. صار طيّبًا i ، طاب.

ABORD, s. m. وُصول ، دُنُوّ. || Cet homme a l'— difficile إنّ هذا الرّجُلَ صعبُ المُقابلةِ ، إنّهُ ثقيلُ الوطأةِ ou رجل جافٍ. || Homme d'un — facile رجل هيّنُ المُقابلةِ ، رجل يُقابِلُ النّاسَ بِدماثةٍ وبشاشةٍ. || Les abords de la forteresse مواردُ القلعةِ ، نواحِيها. || D'—, de prime —, dès l'—, tout d'— أوّلًا ، في أوّلِ الأمرِ ، مِن ذي أُنفٍ ، أوّلَ دفعةٍ.

ABORDABLE, a. Qu'on peut aborder الوُصولُ إليهِ هيّن ، مُمكِنُ الوُصولُ إليهِ. || Un homme — رجُلٌ سهلُ المُقابلةِ.

ABORDAGE, s. m. صدْم ، مُصادمة ، تصادُم ، هُجوم.

ABORDER, v. i. et tr. Arriver au bord وصل i إلى... ، دنا o مِن... ، قرُب et إقترب مِن... || — au rivage (navire) رفأ a ، كلّأ. || Nos troupes ont abordé l'ennemi كافحت جيوشُنا الأعدآء. || Abordons un autre sujet فلنتأمّلْ موضوعًا آخرَ. || Il a abordé cette question إبتدأ بالفحصِ عن هذهِ المسألةِ. || Les deux navires se sont abordés تصادم المركبانِ. || Nous nous sommes abordés amicalement تقابلنا بِمودّةٍ.

ABORIGÈNE, a. Qui est depuis l'origine dans un pays ساكِنُ البِلادِ مِن قديمِ الزّمانِ ، وطنيُّ الأصلِ.

ABORNEMENT, s. m. تحديد.

ABORNER, v. tr. حدّد.

ABORTIF, a. مطروح ، سقط. || —, qui fait avorter دوآء لِلإسقاط ou مُسْقِط. || Médicament — لِلطّرح.

ABOUCHEMENT. V. *entrevue.*

ABOUCHER, v. tr. جمع بين. || S' —, v. p. فاوض ، واجه ، شافه ، فاوه (*et les mêmes verbes employés à la VIe forme s'il y a plusieurs personnes*).

ABOUT, s. m. Extrémité d'une pièce... طرف pl. أطراف ، وصلة.

ABOUTER, v. tr. ألحق الطّرفين ، جمع بين طرفين.

ABOUTIR, v. i. Arriver par le bout, par l'extrémité إتّصل بـ... ، أوصل إلى... ، وصل إلى الطّرف. || Cette rue aboutit au marché يوصل هذا الشّارع إلى السّوق. || Leur affaire aboutit à... آل أمرهم إلى... || A quoi cela peut-il — ? لما سيفضي ذلك on سيؤدّي. || Cela aboutira à vous faire emprisonner يفضي ذلك إلى سجنك. || Cela n'a abouti à rien عقمت النّتيجة m. à m. || L'abcès a abouti غث الدّمّل i. || J'ai usé de tous les moyens pour — إستعملت جميع الوسائل الموصلة للمقصود.

ABOUTISSANT, part. pré. V. *aboutir* et *tenants.*

ABOUTISSEMENT, s. m. ... مآل ، إتّصال بـ... ، مايئول إليه الأمر.

AB OVO, loc. lat. من الأصل ، من المبتدأ ، من الأوّل.

ABOYER, v. i. a, i نبح ، i عوى.

ABOYEUR, s. m. نبّاح ، عوّآء.

ABRÉGÉ, s. m. مختصر ، وجيز ، موجز. || En — بالإجمال ، بالإختصار.

ABRÉGEMENT, s. m. إختصار.

ABRÉGER, v. tr. إختصر ، أجمل ، أوجز. || Abrège ton discours أوجز في كلامك. || Fais-nous qq. récit pour — la veillée حدّثنا حديثًا نقطع به السّهر.

ABREUVAGE, s. m ; **ABREUVEMENT,** s. m. إسقآء ، إرواء ، إستيراد ، إيراد.

ABREUVER, v. tr. أسقى ، أورد et إستورد ، أروى ، أغبّ (un jour sur deux). || Le berger abreuvera les moutons aux meilleures aiguades يورد الرّاعي الغنم أعذب المياه. || Abreuvé, part. pas. ريّان f. ريّا pl. رِواء. || Être abreuvé. v. pas. تسقّى ، إرتوى et روي ، i غبّ (un jour sur deux). || J'ai été abreuvé d'injures (fig.) تهتّكت ، هتيكة ، أشبعوني.

ABREUVOIR, s. m. مورد pl. موارد ، مشرب pl. مشارب ، منهل pl. مناهل ، حوض pl. أحواض. || Conduire les animaux à l' — أورد ، إستورد.

ABRÉVIATEUR, s. m. مختصر ، موجز.

ABRÉVIATIF, a. وجيزي ، دالّ على الإختصار.

ABRÉVIATION, s. f. إختصار ، إجمال ، إيجاز.

ABRÉVIATIVEMENT, ad. على سبيل الإختصار.

ABRI, s. m. ملجأ pl. ملاجئ ، ملاذ pl. ملاوذ ، كنّ pl. أكنّة ، حرز pl. أحراز. || 500 personnes sont sans — ٥٠٠ نفس أصبحوا بدون مأوى. || Se mettre à l' — de... تحرّز ، إختمى ، إستكنّ ، إحترس ، تعوّذ بـ... ، إستعاذ بـ... || Se mettre à l' — du froid توقّى البرد. || Nous nous mettons à l' — de nos forts نتحرّز في حصوننا. || Je veux vous mettre à l' — de sa méchanceté أريد أن أكفيك شرّه. || Il l'a mise à l' — de la pauvreté جعل بينها وبين الفقر حجابًا m. à m. || Se mettre à l' — des événements تحاذر النّوائب. || Personne n'est à l' — de la calomnie لم

يسْلمْ أحدٌ مِن النّميمةِ. || A l'— de toute contestation فِي أمْنٍ مِنْ كُلّ نِزاعٍ. || Cette terre est à l'— de la sécheresse إنّ هذِهِ الارْضَ مأمونة مِن العطشِ. || Je cherche un — auprès de Dieu contre le démon, le lapidé أعوذُ باللهِ مِن الشّيطانِ الرّجيمِ K. || A l'— de votre protection تحْتَ حِمايتِكَ.

ABRICOT, s. m. مِشْمِش ، مِشْلوزْ.

ABRICOTIER, s. m. شجرةُ المِشْمِشِ.

ABRITER, v. tr. ستر o ، حامى ، ألجأ ، آوى. || S'—, v. p. إسْتتر ، إلْتجأ إلى... ، لاذ o ، أوى.

ABRIVENT, s. m. ما يُحامِي , ما يسْتُرُ عنِ الرّيحِ عنْهُ.

ABROGATION, s. f. Action d'abroger فسْخ ، نسْخ ، إلْغآء ، تبْطيل ، إبْطال.

ABROGER, v. tr. a فسخ ، بطّل et أبطل ، ألْغى ، a نسخ. || La loi a été abrogée نُسِخ القانونُ ou إنْفسخ ou أُبْطِل.

ABROTONE, s. f., ou **AURONE** (plante) قيْصوم.

ABRUPT, a. وعْر pl. وُعور et أوْعار ، صعْب ، عنُوت ، الإرْتقآء.

ABRUPTO (EX), loc. ad. lat. على البديهةِ ، بديهًا ، إبْتِداهًا.

ABRUTIR, v. tr. Rendre semblable à la brute وحّش ، تبلّد ، توحّش ، ردّهُ مِثْل الحَيَوانِ. || S'—, v. p. تبلّد ، توحّش. || Abruti يهمآء f. أيْهم ، مُنْذهِل ، مُتوحّش.

ABRUTISSEMENT, s. m. توحُّش , توْحِيش au sens neutre.

ABSCISSION, s. f. V. *ablation*.

ABSENCE, s. f. مغِيب ، غِياب ، غيْبة ، غيْب ، غرْبة. || En ton — في غِيابِك ، في غيْبتِك.

|| En ton — ou en ta présence غائِـبًا كُنْتَ حضرْتَ اوغِبْتَ ، أوحـاضِرًا m. à m. || — de franchise. V. aussi *manque*. عدمُ الصِّدْقِ. || Par suite de l'— de règlements بِسببِ عدمِ القوانِينِ. || J'ai eu un moment d'— وقع مِنّي سهْوٌ ، غفْلة ou ذهلة a.

ABSENT, a. غائِب pl. غائبون et غِيّاب , غيب ، مُتغيِّب. || L'— est celui dont on a cessé d'avoir des nouvelles المفْقودُ هُو الّذِي انْقطع خبرُهُ. || Les absents ont tort (prov.) الغائِبُ ليْس لـهُ نائِب ، منْ غاب خاب m. à m.

ABSENTER (S'), v. p. i غاب عن... ، تغيّب ، تغرّب.

ABSIDE, s. f. صدْرُ الكنِيسةِ ، صدْرُ المعْبدِ.

ABSINTHE, s. f. شِيح ، [AM. زاكوم ، شجرة مريم]. || —, amertume صبْر , مرارة.

ABSOLU, a. Qui n'est soumis à aucune condition مُسْتبِدّ , غيْرُ مُقيّدٍ. || —, sans exception مُطّرِد. || Vérité absolue حقّ لامردّ لـهُ. || Nécessité absolue إحْتِياج ضروريّ ou مُطْلق. || Pouvoir — حُكومة مُطْلقة. || La perfection absolue نِهايةُ الكمالِ m. à m. || Il a un caractère — أخْلاقُهُ جازِمة ou قاطِعة. || Sens — d'un mot إطْلاقُ لفْظٍ.

ABSOLUMENT, ad. على الإطْلاقِ ، مُطْلقًا ، شامِلًا , عامًّا , تامًّا ، بِالإسْتِغْراقِ ، إسْتِغْراقًا ، مُفوّضًا. || On n'y trouve — pas de nègres أمّا السودانيّون لا يُوجدون فيها البتّة.

ABSOLUTION, s. f. تبْرِئة ، الإعْفآء عن... ، تزْكِية ، غُفْران ، مغْفِرة. || Il a reçu l'— غُفِر لـهُ.

ABSOLUTISME, s. m. حُكْم مُطْلق ، حُكْم

، إستبداد || Manière d'être d'un esprit .مالِك مُستبِدّ رأي مُطلق.

ABSOLUTOIRE, a. Sentence — حُكم مُبرِّئ.

ABSORBER, v. tr. a شرب ، نشّف ، o تنشّف ، نشف || La peau absorbe الجلدُ يمتصّ. || —, engloutir, retenir بلع ، إبتلع ، o مصّ. || Le jeu a absorbé sa fortune أبتلع اللعبُ مالَهُ ou كَسَبَهُ. || Cette affaire m'a absorbé l'esprit فذ أشغلت هذه النازلة فكري. || L'eau a été absorbée par le sable نضب الماءُ i غار الماءُ آلخ ، في الرمل. || Je suis absorbé par les affaires إنّي مُستغرقٌ في الأشغال. || Il est absorbé par le sujet إنّهُ مُنهمك في موضوعه. || Il a des occupations absorbantes لهُ أشغالٌ مُستغرِقة. || La succession est absorbée par le passif أحاط الدَّين بالتركةِ ou تستغرق الديونُ التركةَ. || Il était absorbé par ses pensées كان غافلًا عن كُلّ شيءٍ بهواجسه. || S'—, v. p. إستغرق ، i هلك ، تلاشى.

ABSORPTION, s. f. نشف ، إستغراق ، إبتلاع ، إمتصاص.

ABSOUDRE, v. tr. Acquitter ... أبرّ مِن ، برّر ، i غفر.

ABSOUS, ABSOUTE, a. مُبرّأ ، مغفورٌ لهُ. || Il a demandé à être — طلب التبرئة ، إستغفر.

ABSOUTE, s. f. Absolution حِطّة ، حلّ. || —, prières dites autour d'un cercueil صلاة على ميّتٍ.

ABSTÈME, a. et s. m. مُمتنِع مِن شرب الخمرِ ، مُنكفّ عنهُ.

ABSTENIR (S'), v. p. S'interdire de.... إمتنع مِن... ، زهد في... ، إستعفّ عن... et عفّ i ، إنكفّ عن... ، تمالك عن... ، إحتمى مِن... || Abstiens-toi de mentir تجنّب الكذب. || Il s'abstint de manger إستمسك ou أمسك عن الأكل. || Je m'abstiens de donner mon opinion أكُفّ عن إعطاء رأيي. || Il s'abstint de faire cela تحرّج مِن ذلك. || Ils se sont tous abstenus أحجم القومُ جميعًا. || Il s'abstint de répondre أحجم عن الجواب. || Dans le doute, abstiens-toi (prov.) إذا رابك أمرٌ فأمتنِع m. à m. || S'il lui défend de faire le mal, il ne s'abstient pas, K. إنْ نهاهُ عن مُنكرٍ لمْ يزدجرْ نفسَهُ. || Il faut que le malade s'abstienne de nourriture لابُدّ أنْ يعفّ العليلُ عن الطعام. || — d'une chose illicite i عفّ ، تنزّه ، تورّع عن مُنكرٍ ، تعفّف.

ABSTENTION, s. f. إمساك ، كِفاف ، إمتناع ، إحجام.

ABSTERGER, v. tr. V. *déterger.*

ABSTINENCE, s. f. Action de s'interdire إمتناع ، تعفّف ، عِفّة ، تزهّد ، زُهد ، إنكفاف ، إمساك ، ورع.

ABSTINENT, a. عفيف ، قانت ، قانع pl. أعِفّاء.

ABSTRACTION, s. f. Action de séparer, d'isoler تجريد ، تجرُّد. || Les abstractions المُجرّدات. || Il se perd dans les abstractions يتيهُ في المُجرّدات. || Faites — de cela إقطع النظر عن ذلك. || Par — بالتجريد ou مُجرّدًا.

ABSTRAIRE, v. tr. جرّد. || S' —, v. p. تجرّد.

ABSTRAIT, a. Séparé, isolé مُجرّد ، مُنفرِد. || —, difficile à comprendre عسِرُ الفهم ، صعبُ الإدراك. || Les sciences abstraites العُلومُ المعنويّة. || Un nombre — عدد مُبهم.

ABSTRUS, a. Dont la difficulté rebute l'esprit عسِر الفهــم ، عويص.

ABSURDE, a. Contraire au sens commun مُسْتَحِيل ، مُحال ، مُضادّ لِلعقــل. || Démonstration par l'— بُرْهان بِالمُسْتَحِيل.

ABSURDEMENT, ad. بِكَيْفِيَّة مُضادَّة لِلعقْل.

ABSURDITÉ, s. f. إسْتِحالــة ، مُسْتَحِيل ، مُحال.

ABUS, s. m. Usage mauvais, excessif de qq. chose سُوء الإسْتِعْمال ، إفراط ، خلل. || Réformer les abus أصْلحَ الخللَ ، أزال العوائدَ الرَّدِيئةَ. || De nombreux abus se commettent à cause de cela يقعُ بِسبب ذلك تعدّيات عديدةٌ. || Si nous faisons cela, nous ouvrons la porte à des abus إنْ فعلْنا ذلكَ مهدْنا الطَّرِيقَ إلى ما لا تُحْمدُ عواقِبُــهُ. || Vous avez commis un — d'autorité قــدْ تعدّيْتَ بِإسْتِعْمالِ السّطْوةِ. || — d'autorité ظُلْم ، (التعدّي) تعدٍ. || — de confiance خِيانــة فيما إئْتُمِنَ بِــهِ. || Ce monde n'est qu'abus et vanités إنَّ هذِهِ الدُّنْيا لدارُ الغُرُورِ والأباطِيلِ.

ABUSER, v. i. User avec excès ... أساءَ ، تعدّى فِي... ، الإسْتِعْمالَ فِي شيْءٍ ، أفرطَ فِي... ، خرقَ o. || Il abuse de ses richesses يُفْرِطُ فِي أمْوالِــهِ. || Il abuse de son autorité يتجاوزُ الحدَّ فِي سُلْطتِــهِ. || Vous avez abusé de ma crédulité قدْ صدّقْتُكَ فغررْتَنِي m. à m. || S'—, v. p. إغترّ ، إنْخدعَ.

ABUSEUR, s. m. غشّاش ، مكّار ، خدّاع.

ABUSIF, a. ما فيهِ سُوء إسْتِعْمالٍ ، ما فيهِ إفراطٌ.

ABUSIVEMENT, ad. بِسُوء الإسْتِعْمالِ ، بِإفراطٍ.

ACABIE, s. f., et **ACABIT**, s. m. Manière d'être bonne ou mauvaise طبِيعة pl. طبايِــع. V. *Caractère*. || Ils sont tous du même — كُلُّهُمْ على نمطٍ واحِدٍ ou على مرسٍ واحِدٍ.

ACACIA, s. m. طلح ، [صنْط].

ACADÉMICIEN, s. m. عِضو مِنْ أعْضاء ندْوةٍ عِلْمِيّةٍ.

ACADÉMIE, s. f. ندْوة عِلْمِيّة ، مجْفِلُ عُلماء ، دِيوان عُلماء وأُدباء. || L'— des sciences morales et politiques مجْلِسُ العُلومِ الأدبِيّةِ والسِّياسِيّةِ. || L'— de musique مدْرسةُ المُوسِيقَى.

ACADÉMIQUE, a. مُخْتصّ بِمجْلِسِ العُلماء ، مُتعلّق بِالنّدْوةِ العِلْمِيّةِ. || Discours — خُطْبة ، خُطْبة بدِيعة غرّاء.

ACAGNARDER (S'). V. *fainéanter*.

ACAJOU, s. m. مُغْنة ، شجرةُ كابلي.

ACANTHE, s. f. شوْكةُ اليهودِ ، [سليخ ?].

ACARE et **ACARUS**, s. m. L'insecte de la gale جُرْثُوم الجرب.

ACARIÂTRE, a. شكِسُ الأخْلاقِ ، شرِس ، وعِق. || Être — شكِسَ ، شرِسَ ، توعّق et وعِق.

ACAULE, a. Sans tige (pla.) (نبات) عادِمُ السّاقِ.

ACCABLANT, a. مُتْعِب ، مُقْلِق ، ثقِيل. || Un travail — باهِظ ou عمل فادِح. || Une chaleur accablante ضاهِــد ou حرّ مُغِص. || Des preuves accablantes بيِّنات فادِحة.

ACCABLEMENT, s. m. V. *abattement*.

ACCABLER, v. tr. Faire tomber sous le poids أثْقلَ ، أتْعبَ ، أعْيَى ، بهظ a ، عسّفَ et أعسفَ. || La chaleur l'a accablé ضهدهُ الحرُّ. || Il m'a accablé de reproches عنّفنِي. || Vous m'avez accablé de bienfaits غمرْتنِي بِفضْلِكَ. || Le sort m'a accablé فجعنِي الدّهرُ. || Celui dont nous prolongerons l'existence, nous l'accablerons parmi les créatures من نُعمِرهُ ننكّسهُ في الخلق K. || Je suis accablé de travail أوقعتني الأشغالُ في عنآء. || Il est accablé de dettes أضنكته ، أفدحتهُ الديونُ الديونُ.

ACCALMIE, s. f. هُدُوٌّ حِينيّ ، سُكونُ الريح وقتيًا ، سُكونُ الريح لِمهلٍ.

ACCAPAREMENT, s. m. حُكرة ، إحتكار.

ACCAPARER, v. tr. إحتكر ، حازَ o et إحتازَ ، إدّخرَ. || — les biens, les amasser إحتجنَ الأموالَ.

ACCAPAREUR, s. m. حائز ، حكِر ، مُحتكِر.

ACCÉLÉRATEUR, s. m. معجِّل ، مُعجِل.

ACCÉLÉRATION, s. f. تعجيل ، إسراع ، إستعجال.

ACCENT, s. m. نُطق ، لفظ ، نغمة ، لُغة pl. أُلغات. || — grave إشارة ممدودة. || — aigu إشارة حادّة. || —, élévation de la voix إرتفاعُ الصوتِ. || L'— de sa voix غُنّـةُ صوتـهِ. || L'— de la passion لَهجةُ العُشقِ. || Un — plaintif صوتٌ أنينٌ ، صوتٌ نائحٍ. || L'— de la franchise لهجةُ الصِدقِ. || L'— égyptien اللّحنُ المِصريُّ ، النُطق المِصريّ.

ACCENTUATION, s. f. نُطق ، إمتِدادُ الصوتِ. || — Prononciation ou inscription des voyelles grammaticales en arabe تشكيل ، ضبط.

ACCENTUER, v. tr. Prononcer les voyelles نطقَ بضبطٍ ، شكّلَ ، لفظ رافعًا صوتَه o, i ضبط. || S'—, v. p. Cette différence ne cessa de s'— avec les années مازالَ ذلكَ الفرقُ يتعاظمُ مع توالِي الأعوام. || Le désaccord entre eux deux s'accentua إتّسعت مسافةُ الخلفِ بينهما m. à m.

ACCEPTABLE, a. موافِق ، مقبول ، مُمكِن قبولُه ، مقبول ، معروض ، مرضيّ. || Proposition — معروض مناسِب يسوغُ قبولُه.

ACCEPTATION, s. f. قبول ، رِضًى ، مرضاة ، إرتضآء. || Il y a eu de la part des deux contractants — et acquiescement وقعَ مِنَ المُتعاقِدَينِ القبولُ والإيجابُ. || Billet à ordre revêtu de l'— كمبيالة مشمولة بالقبولِ.

ACCEPTER, v. tr. قبِلَ ، رضِيَ بـ... ، إرتضى. || Je l'accepte إرتضيتُهُ. || Les deux parties ont convenu cela et l'ont accepté إتّفقَ المُتعاقِدانِ في ذلكَ وتراضيا عليه. || Il accepte entièrement ce qui est dans l'acte رضِيَ بِإذكر في الرسمِ الرِضآء التامَّ.

ACCEPTEUR, s. m. Celui qui accepte une traite الّذي يقبلُ كمبيالة.

ACCEPTION, s. f. مُراعاة ، مُحاباة. || Il a jugé sans faire — de personne حكمَ مِنْ غيرِ مُراعاةِ أحدٍ. || —, sens, signification. V. *sens*. معنًى pl. معانٍ (المعاني) ، إصطِلاح. || Il est généreux dans toute l'— du mot هوَ كريم كرامةً حقيقيّةً m. à m.

ACCÈS, s. m. قُرْب ، دُخُول ، وُصول. || La porte qui donne — dans l'intérieur du palais البابُ الّـذِي يتوصّلُ منهُ إلى صحنِ القصرِ. || Cette forteresse est d'un — difficile إنَّ هذهِ القصبةَ منيعةٌ. || Je cherche un — auprès de Dieu أتوسّلُ إلى اللهِ. || Avez-vous — auprès de lui? هلْ لكَ وسيلة عندهُ. || — de fièvre. نوبة ، بُحرانُ الحُمّى ، هوز. V. *colère*.

ACCESSIBLE, a. سهل ، يُستطاعُ الوُصولُ إليهِ الإقترابِ. || Les emplois publics sont accessibles à tous les citoyens أنَّ الوظائفَ العُموميّةَ مفتوحةٌ لِكافّةِ

إنَّ هذا القاضيَ لَيِّنٌ — .|| Ce magistrat est الأهالِي. سهلُ المُقابلةِ ، الجانِبِ.

ACCESSION, s. f. Action d'ajouter إنْضِمام. || — au trône تولِّي المُلْكِ. || —, consentement رِضًى ، قبول. || Droit d'— شُفْعة.

ACCESSOIRE a. لاحِق ، تابِع pl. توابِعُ. || Les accessoires اللَّواحِقُ ، التَّوابِعُ. || Les frais accessoires المصارِيفُ الغيرُ المُهِمَّةِ ، المصاريفُ المُضافَةُ ou الطّارِئَةُ. || L'— suit le principal إنَّ الفرعَ يتْبعُ الأصلَ.

ACCESSOIREMENT, ad. إلْحاقًا بِذلِكَ ، لحقًا ، إتِّصالًا.

ACCIDENT, s. m. عارِض pl. عوارِضُ ، حادِث pl. حوادِثُ ، طارِق pl. طوارِقُ ، طائِحة pl. طوائِحُ ، عرض pl. أعْراض. V. *événement.* || Par —, accidentellement إتِّفاقِيًّا ، مُصادفةً ، صدْفةً ، عرضًا. || — de terrain أرْض ذاتُ شُجونٍ ، وُعوثة.

ACCIDENTÉ, a. (terrain) وعِث ، غيرُ مُتساوٍ ، أرْضٌ ذاتُ كسُورٍ. || Il a mené une vie accidentée (fig.) عاش عيشةً ذاتَ طوارِقَ وتقلُّباتٍ.

ACCIDENTEL, a. إتِّفاقِيّ ، عرضِيّ.

ACCIDENTELLEMENT. V. *accident* et *hasard.*

ACCISE, s. f., ou **EXCISE**. V. *octroi.*

ACCLAMATION, s. f. دُعاء ، إهْلال ، تهلُّل. || Il a été élu par — وقعَ انْتِخابُهُ بِالتّهلُّلِ واتِّفاقِ الحاضِرينَ.

ACCLAMER, v. tr. دعا o ، أهلَّ لِـ... || Ils l'ont acclamé أهلُّوا لهُ وحيَّوهُ. || La proposition fut acclamée وقعَ الطّلبُ موقعَ الإسْتِحْسانِ m. à m.

ACCLIMATATION, s. f. توْطِين ، تعْويدُ حيَوانٍ هوآءَ بِلادٍ دُونَ البِلادِ الأصْلِيّ.

ACCLIMATEMENT, s. m. توطُّن ، تعوُّد بِهوآءِ بِلادٍ دون البِلادِ الأصْلِيّ.

ACCLIMATER, v. tr. عوّدَهُ بِهوآءِ بِلادٍ غيْرِ البِلادِ الأصْلِيّ. || S'—, v. p. إسْتوْطنَ ، تعوَّدَ بِهوآءٍ آخرَ.

ACCOINTANCE, s. f. Liaison familière علاقة ، ألْفة. || Il a des accointances avec cette femme بيْنَهُ وبيْنَ تِلْكَ المرْأةِ ألفة ومُخالطة.

ACCOLADE, s. f. Action d'embrasser en mettant les bras autour du cou عِناق ، مُعانقة. || Ils se sont donné l'— (au plur.) تعانقُوا. || —, trait à double courbure سمكة ، إنْضِمام. || Réunir par une — جمع بِواسِطةِ سمكةٍ.

ACCOLEMENT, s. m. إلْصاق ، ضمّ.

ACCOLER, v. tr. Réunir جمع a ، عانَقَ. || — la vigne ربطَ o الكرْمَ.

ACCOMMODABLE, a. مُمْكِن إصْلاحُهُ.

ACCOMMODAGE, s. m. إصْلاح. || L'— d'un mets مُعالجة ، إنْضاج ، طبْخ.

ACCOMMODANT, a. لَيِّن pl. لَيِّنُونَ ، مُتساهِل. || Un homme — رَجُل لَيِّنُ الصَّخْرِ m. à m. || Il se montrera — pour le paiement du prix يتساهلُ في دفْعِ القِيمةِ. || Il est — يتنازلُ ، يلِينُ ، يُساهِي. || Ce marchand est — يتهاوَدُ هذا التّاجِرُ.

ACCOMMODEMENT, s. m. إصْلاح ، تدْبِير. || — entre des personnes ... مُصالَحة ، مُوافقة بيْنَ. || Il y a là matière à — يُوجدُ لِذلِكَ أبْوابُ صُلْحٍ. || J'ai consenti à cela par esprit d'— رَضِيتُ لِذلِكَ حسْمًا مائِلًا لِلصُّلْحِ ou لِلنِّزاعِ. || Par voie d'— بِطرِيقِ

ٱلْمُصَالَحَةُ ou ٱلْمُسَاوَاةُ. || Il est avec le ciel des accommodements (prov.) تُوجَدُ مُوَافَقَةٌ مَعَ ٱللّٰهِ.

ACCOMMODER, v. tr. Arranger أَصْلَحَ ، نَظَّمَ ، دَبَّرَ. || Il a accommodé ses affaires حَسَّنَ أُمُورَهُ. || Ce marchand accommode sa clientèle يُهَاوِدُ هٰذَا ٱلْبَائِعُ مَعَ مُشْتَرِيَتِهِ. || Ceci m'accommode هٰذَا يُوَافِقُنِي ou يَلِيقُ بِي. || — un mets أَنْضَجَ ، طَبَخَ o ، عَالَجَ. || S'—, v. p. إِنْشَرَحَ ، تَبَسَّطَ. || S'— de ... قَنِعَ بِـ... ، إِرْتَضَى بِـ... ، إِكْتَفَى بِـ....

ACCOMPAGNATEUR, s. m. مُسْنِد.

ACCOMPAGNEMENT, s. m. Action d'accompagner مُصَاحَبَة ، مُرَافَقَة ، مُشَايَعَة ، مُلَازَمَة. || —, ce qui accompagne مَا يَتْبَعُ ، تَابِعَة pl. تَوَابِعُ. || Avec — de piano بِإِسْنَادِ ٱلْبِيَانُو.

ACCOMPAGNER, v. tr. صَاحَبَ ، رَافَقَ ، شَايَعَ et شَيَّعَ. || Ce secrétaire accompagne partout le roi هٰذَا ٱلْكَاتِبُ يُلَازِمُ ٱلْمَلِكَ. || Il se faisait — d'un dessinateur كَانَ يَسْتَصْحِبُ مُصَوِّرًا. || Je l'ai fait — par un cavalier أَصْحَبْتُهُ بِفَارِسٍ. || — un chanteur avec le luth أَسْنَدَ مُغَنِّيًا بِٱلْعُودِ.

ACCOMPLI, a. كَامِلٌ ، تَامٌّ ، مُتَمَّمٌ. || C'est un fait — قُضِيَ ٱلْأَمْرُ ou أَمْرٌ مَقْضِيٌّ. || Cela est passé à l'état de fait — صَارَ ذٰلِكَ فِي حَيِّزِ ٱلْأَمْرِ ٱلْمُبْرَمِ.

ACCOMPLIR, v. tr. i قَضَى ، كَمَّلَ et إِسْتَكْمَلَ ، تَمَّمَ et أَتَمَّ. || — un devoir أَدَّى فَرْضًا. || — un ordre أَنْفَذَ أَمْرًا et نَفَّذَ ، أَنْجَزَ أَمْرًا. || Il a accompli sa promesse أَنْجَزَ وَعْدَهُ ، أَوْفَى بِوَعْدِهِ. || L'une des parties n'a pas accompli ses engagements لَمْ يُوفِ أَحَدُ ٱلْمُتَعَاقِدِينَ بِمَا ٱلْتَزَمَ بِهِ. || S'—, v. p. o تَمَّ ، نَجَزَ.

|| La volonté de Dieu s'accomplit toujours ٱللّٰهُ غَالِبٌ عَلَى أَمْرِهِ m. à m. K.

ACCOMPLISSEMENT, s. m. قَضْيٌ ، قَضَاءٌ ، تَتْمِيمٌ ، نَجْز et إِنْجَازٌ. || Après l'— des formalités du jugement بَعْدَ ٱسْتِكْمَالِ مُوجِبَاتِ ٱلْحُكْمِ. || Le paiement n'est dû qu'après l'— du travail لَا يُطْلَبُ ٱلْأَدَاءُ إِلَّا بَعْدَ تَمَامِ ٱلْعَمَلِ. || Il demanda l'— de la promesse طَلَبَ إِنْجَازَ ٱلْوَعْدِ ، إِسْتَنْجَزَ ٱلْوَعْدَ.

ACCORD, s. m. Union مُوَافَقَة ، وِفَاق ، تَوَافُق ، إِتِّفَاق ، إِتِّحَاد ، تَرَاضٍ (ٱلتَّرَاضِي). || Ils vivent en parfait — (au pl.) يَعِيشُونَ مُتَوَافِقِينَ ou فِي وِفَاقٍ تَامٍّ. || D'un commun — عَلَى نَسَقٍ وَاحِدٍ ، صَفْقَةً وَاحِدَةً ، بِتَرَاضٍ. || D'— بِٱتِّفَاقٍ ، بِٱتِّحَادٍ ، بِٱلتَّرَاضِي. || Le contrat est résilié d'un commun — يُفْسَخُ ٱلْعَقْدُ بِٱتِّفَاقِ ٱلْمُتَعَاقِدِينَ. || On n'est pas d'— sur ce point هٰذَا مَوْضِعُ ٱلْخِلَافِ. || Être d'— avec qq. جَارَاهُ. || Ils tombèrent d'— que ... تَوَاطَئُوا عَلَى ... ou إِسْتَقَرَّ رَأْيُهُمْ عَلَى أَنَّ ... ou إِنْعَقَدَ إِجْمَاعُهُمْ عَلَى .... || Il est tombé entièrement d'— avec lui à ce sujet صَادَقَهُ عَلَى ذٰلِكَ مُصَادَقَةً تَامَّةً. || On n'est pas d'— pour ... أُخْتُلِفَ فِي .... || Il est probable qu'il est d'— avec son père ٱلظَّاهِرُ أَنَّهُ ذُو ضِلْعٍ مَعَ أَبِيهِ. || Tout le monde est d'— pour reconnaître que ... مِمَّا لَا يَخْتَلِفُ فِيهِ ٱثْنَانِ أَنَّ .... || On n'est pas d'— sur l'origine de ce mot إِخْتَلَفُوا فِي ٱشْتِقَاقِ هٰذَا ٱللَّفْظِ. || On n'est pas d'— sur l'origine de l'écriture arabe تَنَاوَنَتِ ٱلْآرَاءُ فِي أُصُولِ ٱلْخَطِّ ٱلْعَرَبِيِّ. || Sur ce point nous sommes tous d'— ذٰلِكَ لَا نِزَاعَ فِيهِ بَيْنَنَا. || Il n'y a pas — entre ces objets لَا مُطَابَقَةَ بَيْنَ هٰذِهِ ٱلْأَشْيَاءِ.

www.ingramcontent.com/pod-product-compliance
Ingram Content Group UK Ltd.
Pitfield, Milton Keynes, MK11 3LW, UK
UKHW012110240726
13965UKWH00004B/1685

9 782013 363488